VEGAN TÄNAVAL SÖÖGID: BURGERID, TACOS, GYROOS JA VEEL

Rahuldage vegan-ihasid, üks suupiste korraga

Merike Petrova

Autoriõigus materjal ©2023

Kõik õigused kaitstud

Ühtegi selle raamatu osa ei tohi mingil kujul ega vahenditega kasutada ega edastada ilma kirjastaja ja autoriõiguste omaniku nõuetekohase kirjaliku nõusolekuta, välja arvatud ülevaates kasutatud lühikesed tsitaadid. Seda raamatut ei tohiks pidada meditsiiniliste, juriidiliste või muude professionaalsete nõuannete asendajaks.

SISUKORD _

SISUKORD _ 3
SISSEJUHATUS 6
BURGERID 7
   1. Karri Sh iitake - Virnastatud tomatid 8
   2. Praetud rohelised napoleonid kapsasalatiga 10
   3. Tomati avokaado burgerid 13
   4. BBQ Bunless Veggie Burger 15
   5. Õuna- ja maapähklivõi virnastajad 18
   6. Praetud rohelised tomatid 20
   7. Maguskartuli burgeri kuklid 22
   8. Portabella ja Vegan Halloumi burgerid 24
   9. Madala süsivesikute sisaldusega mustade ubade kinoa kuklita burger 26
   10. Punnita virnastatud burger 29
BURGERIKAUSID 31
   11. Köögiviljaburger kausis 32
   12. Grillitud köögiviljade burgerikausid 34
   13. Teriyaki burgerikausid 36
   14. Kauss Mayo-sinepikastmega 38
   15. Taimne burgerikauss ja teravkapsas 41
   16. Köögiviljaburgeri Burrito kauss 44
   17. Burgerid Tofu kausiga 46
VEGGIE RULLID 48
   18. Suverullid Tšiili-laimi dipikastmega 49
   19. Köögiviljarullid küpsetatud maitsestatud tofuga 51
   20. Seene riisipaberi rullid 54
   21. Avokaado ja köögiviljade riisipaberirullid 57
   22. Vikerkaarerullid Tofu-maapähklikastmega 59
   23. Mango kevadrullid 61
   24. Segatud puuviljakevadrullid maasikakastmega 63
   25. Troopiliste puuviljade suverullid 66
   26. Berry ja Veggie riisipaberi rullid 69
   27. Roosist inspireeritud riisipaberirullid 72
   28. Tofu ja Bok Choy riisipaberirullid 74
PIZZA 76
   29. Magus ja vürtsikas ananassipitsa 77
   30. N ektariin White Pizza 79
   31. Grill maasikapitsa 81
   32. Viigimarja ja Radicchio pizza 83
   33. Pizza Bianca virsikutega 85
   34. Vegan arbuusi puuviljapitsa 87
   35. Grill Jackfruit Pizza 89

36. Butternut Squash Pizza õunte ja pekanipähklitega 91
37. Portobello ja musta oliivi pitsa...93
38. Vegan valge seene pizza 95
39. Mini Portobello pitsad 97
40. Mahe Microgreen Forest Pizza 99
41. Kukeseente pitsa vegan juustuga 101
42. Vegan seente ja šalottsibula valge pitsa 103
43. Kollased tomatid Valge pitsa..105
44. Brokkoli Pitsa 107
45. Chard Pizza 110
46. Herneste ja porgandite pizza 112
47. Kartuli, sibula ja chutney pitsa 115
48. Röstitud juurtega pitsa 118
49. Rukola salati pizza 121
50. Karamelliseeritud sibula pitsa 123
51. Griddle S pinatipitsa...125
52. Rugula ja sidrunipizza..127
53. Garden Fresh Pizza 129
54. Roma Fontina pizza 131
55. Spinati artišoki pitsa 133
56. Vegan Caprese pizza 135
57. Grillpitsa krõbeda lillkapsaga 137
58. Grillitud köögiviljapizza 139
59. Artichoke & Oliivi pizza 141
60. Vegan suvikõrvitsa Pepperoni pizza 143
61. Punase läätse pitsa koorik 145
62. Vürtsikas Pinto Bean Pizza 147
63. Bean Nacho pizza 149
64. Mango pitsa mustade ubadega 151
65. Grill Corn Jalapeno maguskartuli pizza..153
66. Kreemjas maisi pizza 155

BURRITOS 158
67. Aprikoosi Burritod 159
68. Baby Bean Burritod 161
69. Oa ja riisi burritod 163
70. Oad ja TV Burritod 165
71. Kirsi Burritod..167
72. Butternut Burrito 169
73. Maisi ja riisi burritod 171
74. Fiesta Bean Burrito 173
75. Sügavkülmik Burritod 175
76. Matzo Burrito pajaroog 177
77. Mikrolaineahju oa burritod 179
78. Mikrolaineahjus taimsed burritod 181

79. Köögiviljade segu Burrito 183
80. Mojo Black Bean Burritod 185
81. Pepita köögiviljaburritod 187
82. Seitan Burritos 189
83. Burrito Täidis 191
84. Taimetoitlane Burritos Grande 193

TACOS 195
85. Krõmpsuvad kikerhernetacod 196
86. Tempeh tacos 198
87. Seenetacod Chipotle'i kreemiga 200
88. Läätsed, lehtkapsas ja kinoa tacos 202
89. Maisisalsaga kaetud mustade ubade tacod 204
90. Grillitud Haloumi Tacos 206
91. Lihtne Vegan Taco 208
92. Oad ja grillitud maisi taco 210
93. Mustade ubade ja riisi salat Taco 212
94. Näritavad kreeka pähkli tacod 214
95. Seitan Tacos 216

GÜROOS 218
96. Kikerherne ja köögiviljade güroskoop 219
97. Grillitud Portobello seente güroskoop 221
98. Jackfruit Gyros 223
99. Tofu Gyros 225
100. Läätsede ja seente güroskoop 227

KOKKUVÕTE 229

SISSEJUHATUS

Tere tulemast jaotisesse „VEGAN TÄNAVAL SÖÖGID: BURGERID, TACOS, GYROOS JA VEEL" – see on teie pass veganite iha rahuldamiseks, üks suupiste korraga. See kokaraamat tähistab taimseid hõrgutisi, mis on inspireeritud tänavatoidust kogu maailmast. Liituge meiega, kui alustame teekonda, et taasluua teie lemmiktänava toidu maitsed, tekstuurid ja rahulolu – seda kõike, hoides seda maitsvalt veganina.

Kujutage ette, et naudite taimsete burgerite grillimise aroomi, naudite vegan-taco krõmpsu ja naudite taimsete güroskoopide maitsvat maitset. " VEGAN TÄNAVAL SÖÖGID: BURGERID, TACOS, GYROOS JA VEEL" on midagi enamat kui lihtsalt retseptide kogum; see on loovuse ja mitmekesisuse uurimine, mida taimsed koostisosad tänavatoidu juurde toovad. Olenemata sellest, kas olete kogenud vegan või alles alustate oma taimepõhist teekonda, need retseptid on loodud selleks, et inspireerida teid nautima vegan tänavatoidu julget ja maitsekat maailma.

Alates klassikalistest veganburgeritest kuni uuenduslike taco täidiste ja suusulavate güroskoopideni – iga retsept tähistab tänavatoidu klassika taimseid pöördeid. Olenemata sellest, kas korraldate vegangrilli või rahuldate oma tänavatoiduiha kodus, on see kokaraamat teie jaoks parim ressurss maitsvate taimsete suupistete valmistamiseks, mis kajastavad tänavatoidu olemust.

Liituge meiega, kui sukeldume " VEGAN TÄNAVAL SÖÖGID: BURGERID, TACOS, GYROOS JA VEEL" maailma, kus iga looming annab tunnistust taimse tänavatoiduga kaasnevast loovusest, rahulolust ja ülemaailmsest inspiratsioonist. Niisiis, pange põll selga, võtke omaks tänavate maitsed ja avastagem põnevat ja rahuldust pakkuvat vegan tänavasöögimaailma.

BURGERID

1.Karri Sh iitake - Virnastatud tomatid

KOOSTISOSAD:
- 4 pärandtomatit
- 4 viilu vegan juustu

SHIITAKE SEGU
- 6 spl taimset majoneesi
- 1 tl karripulbrit
- ¼ teelusikatäit soola
- ¼ tl jahvatatud ingverit
- ¾ naela shiitake
- 1 selleriribi, tükeldatud
- ½ tassi peeneks hakitud kurki
- 1 nabaapelsin, kooritud ja peeneks hakitud
- 2 rohelist sibulat, õhukeselt viilutatud

JUHISED:
a) Lõika ja lõika iga tomat kolmeks paksuks viiluks ning nõruta paberrätikutel.
b) Sega kausis shiitake, majonees ja maitseained.
c) Sega juurde ülejäänud koostisosad.
d) Lao iga portsjoni jaoks kolm viilu tomatit, laotades need veganjuustu ja shiitake seguga.

2.Praetud rohelised napoleonid kapsasalatiga

KOOSTISOSAD:
- 1/3 tassi majoneesi
- ¼ tassi valget äädikat
- 2 spl suhkrut
- 1 tl soola
- 1 tl küüslaugupulbrit
- ½ tl pipart
- 14 untsi kolmevärviline kapsasalati segu
- ¼ tassi peeneks hakitud sibulat
- 11 untsi mandariini apelsine, nõrutatud

PRAETUD TOMATID:
- 1 vegan munaasendaja
- Dash kuuma pipra kastet või maitse järgi
- ¼ tassi universaalset jahu
- 1 tass kuiva puru
- 2 rohelist tomatit, igaüks 4 viiluks lõigatud
- Õli praadimiseks
- ½ tl soola
- ¼ teelusikatäit pipart
- ½ tassi jahutatud vegan pimiento juustu
- 4 tl pipratarretist

JUHISED:
a) Kombineerige esimesed kuus koostisosa.
b) Lisa kapsasalati segu ja sibul. Lisa mandariinid ja sega hoolikalt.
c) Sega madalas kausis vegan munaasendaja ja kuum kaste.
d) Pane jahu ja puru eraldi madalatesse kaussidesse.
e) Kasta tomativiilud mõlemalt poolt jahusse ja raputa üleliigne maha.
f) Kasta vegan munasegusse, seejärel puru sisse, patsutades, et kate kinnituks.
g) Kuumutage õli elektripannil või fritüüris 350 kraadini.
h) Prae tomativiilud, paar korraga, pruuniks, 1-2 minutit mõlemalt poolt. Nõruta paberrätikutel.
i) Puista peale soola ja pipraga.
j) Kokkupanemiseks asetage üks tomativiil 1 sl vegan pimiento juustuga. Korda kihte.
k) Tõsta peale 1 tl pipratarretist. Korrake ülejäänud tomativiiludega.
l) Serveeri kapsasalati peal.

3.Tomati avokaado burgerid

KOOSTISOSAD:
- 4 tomatit
- 4 vegan pätsit
- ¼ tl jahvatatud musta pipart
- ½ pluss ¼ teelusikatäit peeneteralist meresoola
- 1 tl tšillipulbrit
- 1 küps avokaado, jagatud
- 2 spl kreeka jogurtit
- 1 spl majoneesi
- 2 tl värsket laimimahla
- ¼ tl jahvatatud köömneid
- Peotäis lutserni idusid

JUHISED:
a) Aseta pool avokaadost kaussi ja püreesta kahvliga peaaegu ühtlaseks massiks.
b) Lisa jogurt, majonees, laimimahl ja köömned ning sega ühtlaseks. Lõika ülejäänud pool avokaadost kuubikuteks ja lisa see koos ¼ teelusikatäie soolaga. Kombineerimiseks segage õrnalt. Kõrvale panema.
c) Määri nakkuva pann/pann oliiviõliga ja kuumuta keskmisel-kõrgel kuumusel.
d) Küpseta poolitatud tomateid 2–3 minutit, kuni need hakkavad pruunistuma.
e) Burgerite kokkupanemiseks aseta iga tomati alumisele osale näpuotsatäis idusid, tõsta peale vegan-patty, umbes 2 supilusikatäit avokaadokastet ja lõpeta iga tomati teise poolega.

4.Bbq Bunless Veggie Burger

KOOSTISOSAD:
BURGERI PUHUL:
- 8 gurmeeburgerit
- Avokaado toiduõli
- 1 avokaado, viilutatud
- 4 portobello seeni
- 1 rõngasteks viilutatud sibul
- 4 viilu vegan Cheddari juustu
- Tomati kaste
- majonees

PEEDI- JA ÕUNASUUR:
- 2 peeti, kooritud ja riivitud
- 2 õuna, riivitud
- 1 tass hakitud punast kapsast
- 3 spl õunasiidri äädikat
- 2 tl orgaanilist toorsuhkrut
- 1 spl täistera sinepit
- 4 spl ekstra neitsioliiviõli
- ½ tassi värsket peterselli, peeneks hakitud
- ½ tassi värsket peterselli, peeneks hakitud
- ½ tl värskelt jahvatatud musta pipart
- Kaunistuseks viilutatud kornišonid

JUHISED:
a) Asetage kaussi peet, õun ja punane kapsas.
b) Lisage äädikas, suhkur, sinep, oliiviõli ja petersell. Kombineeri hästi. Maitsesta maitse järgi. Kõrvale panema.
c) Kuumuta grill. Küpseta köögiviljagurmeeburgereid, seeni ja sibularõngaid tilgakese avokaado toiduõliga.
d) Sega kokku tomatikaste ja majonees. Kõrvale panema.

KOOSTAMA
e) Kõigepealt aseta köögiviljaburgerile viil vegan juustu.
f) Sulata veganjuust grilli alla asetades või kuumuta mikrolaineahjus kuni sulamiseni.
g) Määri peale veidi tomatimajonikastet, seejärel kihiti seente, avokaadoviilude, peedi- ja õunasalaga.
h) Määrige veel tomatimajonikastet teisele köögiviljaburgerile, seejärel asetage see burgeri peale ja lõpetage kastmega pool allapoole.
i) Kaunista burgeri peal keedetud sibulaviilude ja kornišonidega.
j) Sisestage vardas, et see puutumata jääks.

5.Õuna- ja maapähklivõi virnastajad

KOOSTISOSAD:
- 2 õuna
- 1/3 tassi rammusat maapähklivõid

TÄIDISED
- Granola
- miniatuursed poolmagusad šokolaaditükid

JUHISED:
a) Tuumaõunad. Lõika iga õun risti kuueks viiluks.
b) Määri kuuele viilule maapähklivõid ja puista peale enda valitud täidis.
c) Tõsta peale ülejäänud õunaviilud.

6.Praetud rohelised tomatid

KOOSTISOSAD:
- ¼ tassi rasvavaba majoneesi
- ¼ tl riivitud laimikoort
- 2 spl laimimahla
- 1 tl hakitud värsket tüümiani
- ½ tl pipart, jagatud
- ¼ tassi universaalset jahu
- 2 vegan munaasendajat
- ¾ tassi maisijahu
- ¼ teelusikatäit soola
- 2 rohelist tomatit
- 2 punast tomatit
- 2 spl rapsiõli
- 8 viilu Kanada peekonit

JUHISED:
a) Segage esimesed 4 koostisosa ja ¼ teelusikatäit pipart ning jahutage kuni serveerimiseni.
b) Asetage jahu madalasse kaussi ja munaasendaja eraldi madalasse kaussi. Kolmandas kausis segage maisijahu, sool ja ülejäänud pipar.
c) Lõika iga tomat risti 4 viiluks.
d) Kastke 1 viil jahusse, et see oleks kergelt kaetud, ja raputage üleliigne maha.
e) Kastke vegan munaasendajatesse, seejärel maisijahu segusse. Korrake ülejäänud tomativiiludega.
f) Kuumutage nakkuval pannil õli üle.
g) Küpseta tomateid partiidena kuldpruuniks, 4–5 minutit mõlemalt poolt.
h) Samal pannil mõlemalt poolt kergelt pruuniks kanada peekon.
i) Lao iga rohelise tomati, peekoni ja punase tomati jaoks 1 viil. Serveeri kastmega.

7.Maguskartuli burgeri kuklid

KOOSTISOSAD:
- 1 maguskartul
- 2 teelusikatäit oliiviõli
- Sool ja pipar

JUHISED:
a) Koorige ja tükeldage maguskartul burgerikukliteks.
b) Hõõruge neid kätega oliiviõliga.
c) Maitsesta soola ja pipraga.
d) Küpseta 10 minutit temperatuuril 360 F õhkfritüüris.
e) Asetage oma burgerid kahe bataadiburgeri kukliviilu vahele ja serveerige.

8.Portabella ja Vegan Halloumi burgerid

KOOSTISOSAD:
- 4 portabella seenekübarat
- 3 ½ supilusikatäit palsamiäädikat
- 2 supilusikatäit oliiviõli
- 2 viilu tomatit
- 2 viilu vegan halloumi
- Peotäis basiilikulehti
- Meresool
- Värskelt jahvatatud pipar

JUHISED:
a) Soojendage grill uuesti temperatuurini 450 °F .
b) Pintselda seened oliiviõliga ja puista peale veidi meresoola.
c) Grilli või prae neid neli või viis minutit mõlemalt poolt.
d) Grilli halloumi. Viiluta halloumi soovitavateks suhteliselt õhukesteks viiludeks .
e) Grillige seda kõrgel kuumusel kaks minutit mõlemalt poolt. Halloumi peaks olema pehme ja eritama aromaatset, soolast lõhna.

KOOSTAMA _
f) Portabella seened on teie kukkel. Ühe Portobello seenekübara peale aseta grillitud vegan Halloumi juust, tomativiil ja basiilikulehed.
g) Lisa palsamiäädikas ja värskelt jahvatatud pipar.
h) Seejärel asetage peale teine seeneküts.
i) Korrake seda protsessi teise burgeri jaoks.

9. Madala süsivesikute sisaldusega mustade ubade kinoa kuklita burger

KOOSTISOSAD:
MUSTA UBA KINOA PATTY
- 3 tassi keedetud musti ube
- 3 tassi keedetud kinoat
- 1 tl köömneid
- 1 tass tükeldatud sibulat
- 6 küüslauguküünt
- 1 ½ tassi hakitud lehtkapsast
- 1 Jalapeno peeneks hakitud
- 1 spl maisiõli
- Soola maitse järgi

TÄIDISED
- kurgi viilud
- Tomati viilud
- Sibula viil
- Mõned hapukurgid
- Vürtsikas röstitud punase pipra maapähklikaste Või teie valitud kaste

MUUD KOOSTISOSAD
- Suur hunnik salatit
- Natuke maisiõli pätsi grillimiseks

JUHISED:
MUSTA UBA KINOA PATTY
a) Esmalt võtke pannile veidi õli ja lisage köömned, sibul, küüslauk ja jalapenod.
b) Prae minut aega. Seejärel lisa tükeldatud lehtkapsas ja hauta uuesti 2 minutit. Laske jahtuda.
c) Võtke mustad oad ja püreestage need hästi.
d) Nüüd lisage keedetud kinoa, praetud segu ja sool.
e) Sega kõik koostisosad hästi läbi. Kujunda neid.
f) Musta oa burgeri võid kujundada nii, nagu soovid.
g) Asetage need pannile.
h) Seejärel määri mõlemale poolele veidi maisiõli. Küpseta neid mõlemalt poolt kuldpruuniks.
i) Võtke need välja ja hoidke kõrvale.
KOKKU BURGER.
j) Võtke salatileht ja seejärel pange musta oa kinoa kotlet, tomativiilud, kurgiviilud, hapukurgiviilud, sibulaviilud ja lõpuks huultelõhnaline kaste.
k) Keera salat ettevaatlikult kokku.

10. Punnita virnastatud burger

KOOSTISOSAD:
VEGAN KETO BURGERID
- 400 g kanepi
- 400 g köögivilju, hakitud
- ½ tassi mandlijahu
- 4 spl chia või jahvatatud linaseemneid
- 4 spl ekstra neitsioliiviõli
- Must pipar, meresool ja suitsupaprika

VALIKULISED BURGEERILISED
- 16 salatilehte
- 2 tomatit
- 2 küpset avokaadot
- 2 spl oliiviõli
- sidrunimahl või õunasiidri äädikas
- Romesco kaste
- punane sibul
- Marineeritud kurgid, suhkruvaba

JUHISED:
a) Sega klaasis või kausis jahvatatud lina- või chiaseemned 4 supilusikatäie veega.
b) Sega korralikult läbi ja jäta mõneks minutiks kõrvale.
c) Haki kanep ja köögiviljad köögikombainiga peeneks.
d) Sega kausis või köögikombainis peeneks hakitud kanepfu ja köögiviljad mandlijahu, linaseemnegeeli ja poole oliiviõliga.
e) Maitsesta soola, pipra, paprika või muude enda valitud vürtsidega.
f) Vormi kaheksa pätsikest ja prae igat burgerit oliiviõlis, kuni need on mõlemalt poolt läbiküpsenud ja kuldpruunid.
g) Võite ka burgereid küpsetada eelsoojendatud ahjus või õhufritüüris temperatuuril 350 °F.
h) Vahepeal püreesta avokaadod kahvliga ja sega juurde oliiviõli.
i) Maitsesta sidrunimahla või õunaäädika, pipra ja soolaga lihtsa guacamole jaoks.
j) Serveerige iga burgerit kahel salatilehel, et asendada burgerikukli, tomati, guacamole ja soovi korral õhukeseks viilutatud punase sibula, marineeritud kurgi ja romesco kastmega.

BURGERIKAUSID

11. Köögiviljaburger kausis

KOOSTISOSAD:
VEGGIE BURGER kausis
- 4 tassi hakitud salatit
- 1-pint kirsstomateid poolitatud
- 2 avokaadot kuubikuteks
- 1 tass vürtsikat marineeritud sibulat
- ½ tassi hakitud cornichons, kui soovite
- 4 kuubikuteks lõigatud või murendatud köögiviljaburgerikotlet

VEGAN BURGERKASTE
- ½ tassi tahini pasta
- 1 küüslauguküünt
- 1 spl värsket tilli või 1 tl kuivatatud
- 2 spl värskelt pressitud sidrunimahla
- sool ja pipar
- ¼ tassi vett

JUHISED:
a) Vegan-burgerikastme valmistamiseks vahustage tahini, küüslauk, sidrunimahl, till, sool ja pipar.
b) Klopi juurde nii palju vett, et kaste vedelaks valatava konsistentsini.
c) Veggie Burger Bowls'i valmistamiseks asetage burgerikinnitused üksikutesse salatikaussidesse.
d) Tõsta peale murendatud köögiviljaburgeri pätsikesed ja nirista peale veganburgeri kastet.

12. Grillitud köögiviljade burgerikausid

KOOSTISOSAD:
- 2 vegan burgerit
- 1 tass segatud rohelisi

GRILLID KÖÖGIVILJAD
- 1 suvikõrvits, viilutatud
- 1 paprika, kuubikuteks
- 1 baklažaan, viilutatud
- 1 tomat, poolitatud
- Spargli odad

VALIKULISED LISAD
- 1 tl seesamiseemneid
- 1 supilusikatäis segatud pähkleid
- Kimchi
- marineeritud sibul

RIIDEMINE
- Vegan Tahini

JUHISED:
a) Eelkuumuta grill kõrgeks.
b) Grillige burgereid ja köögivilju, keerates pärast märgistamist kuumust madalamaks.
c) Pange kausid kokku roheliste, grillitud köögiviljade, burgeri ja lusikakastmega, lisades teile meelepäraseid valikulisi lisandeid.

13.Teriyaki burgerikausid

KOOSTISOSAD:
- 4 taimset burgerit, keedetud
- 2 tassi keedetud kinoat
- 1 tass beebispinatit
- 1 tass õhukesteks viiludeks lõigatud kurki
- 1 tass aurutatud, kooritud edamame
- 1/2 tassi viilutatud rediseid
- 1 tass hakitud porgandit
- 2 rohelist sibulat, viilutatud
- 1/4 tassi punast sibulat, õhukeselt viilutatud
- 1 suur avokaado, seemnete ja õhukeste viiludega
- 1/2 tassi valmistatud teriyaki kastet

JUHISED:
a) Valmistage burgerid ja riis vastavalt pakendi juhistele.
b) Aseta lisandid suurele vaagnale koos kastme ja valmisburgeritega.
c) Jaga riis ühtlaselt nelja serveerimiskausi vahel.
d) Pange kauss kokku, alustades spinatist ja lisades soovi korral väiksemaid katteid.
e) Tõsta peale valmistatud taimne burger ja nirista peale teriyaki kastet.

14. Kauss Mayo-sinepikastmega

KOOSTISOSAD:
LÄÄTSED
- 1 spl oliiviõli
- 1 valge, punane või kollane sibul, tükeldatud
- ¼ teelusikatäit soola
- 450 g keedetud läätsi
- ¼ tassi köögiviljapuljongit
- 2 spl gluteenivaba Worcestershire'i kastet
- 1 spl Dijoni sinepit
- 1 supilusikatäis tamari
- 1 tl suhkrut
- ½ tl küüslaugupulbrit
- 1 tl jahvatatud musta pipart

MAYO-SINEPI KASTE
- ¼ tassi vegan majoneesi
- 1 spl tomatipastat
- 2 tl sinepit
- 2 tl 10 ml hapukurgi mahla
- 2 supilusikatäit hapukurki, peeneks hakitud
- ¼ tl küüslaugupulbrit
- ½ tl paprikat
- ½ tl meresoola
- 15 ml vett

SALATIKAUSS
- 2 pea Rooma salatit, tükeldatud
- 2 tassi kirsstomateid, viilutatud
- 2 küpset avokaadot, kivideta ja viilutatud
- 1 punane sibul, õhukeselt viilutatud
- 1 tass hapukurki, viilutatud

JUHISED:
LÄÄTSED

a) Kuumuta pannil või pannil õli üle kuumuse. Lisa kuubikuteks lõigatud sibul ja ¼ tl soola ning prae 7-10 minutit, kuni see on pehme ja läbipaistev.

b) Lisa läätsed ja küpseta kuni peaaegu täielikult pruunistunud umbes 5 minutit.

c) Keera kuumus kõrgeks ja lisa köögiviljapuljong, Worcester ja sinep, sojakaste, suhkur, küüslaugupulber ja must pipar. Küpseta, kuni vedelikud on aurustunud.

d) Lülitage kuumus välja ja eemaldage pann pliidilt. Pange kõrvale, kuni olete valmis oma burgerikausse valmistama.

e) Lisa kõik kastme koostisosad kaussi ja sega kõik ühtlaseks. Maitse ja maitsesta vajadusel veel soolaga.

KOOSTAMINE

f) Jaga tükeldatud salat nelja kausi vahel. Lisa viilutatud sibul, avokaado, kirsstomatid ja hapukurk.

g) Tõsta peale läätsed ja nirista kaussidele kastet.

15. Taimne burgerikauss ja teravkapsas

KOOSTISOSAD:
PATTIES
- 150 g bulgurnisu
- köögiviljapuljong leotamiseks
- 1 porgand
- 1 peeneks hakitud sibul
- 1 küüslauguküüs
- 1 spl jahu
- 1 supilusikatäis hakitud lamedate lehtedega peterselli
- 1 vegan munaasendaja
- vajadusel riivitud kartul
- 1 tl jahvatatud koriandrit
- soola
- värskelt jahvatatud pipar

TÄIDISED
- 50 g seesamiseemneid
- 150 g teravat kapsast
- 1 porgand
- 2 supilusikatäit riisiäädikat
- 1 supilusikatäis seesamiõli
- soola
- värskelt jahvatatud pipar
- ½ kurk
- 4 supilusikatäit ketšupit

JUHISED:
a) Leota bulgurnisu laos.
b) Lõika, koori ja riivi porgand peeneks.
c) Pane veidi jahtunud bulgur koos porgandi ja hakitud sibulaga kaussi. Koori küüslauk ja purusta see peale.
d) Lisa jahu, petersell ja vegan munaasendaja ning sõtku.
e) Lisa veidi vett või veidi riivikartulit ja töötle, kui segu on liiga kuiv. Maitsesta maitse järgi.
f) Vormi segust niisketi kätega 4 pätsi ja grilli mõlemalt poolt umbes 4–5 minutit.
g) Lisandite valmistamiseks prae pannil seesamiseemned kuivalt läbi. Lõika ja peske kapsas, seejärel kuivatage ja lõigake õhukesteks viiludeks. Koori ja riivi porgand.
h) Valmistage kaste äädika, õli, soola ja pipraga ning segage see kapsa ja porgandi hulka. Murra seesamiseemned salatisse. Koori ja viiluta kurk.
i) Laota viilutatud kurk ja kapsas kaussi. Tõsta peale pätsikesed ja niris ketšupit.

16. Köögiviljaburgeri Burrito kauss

KOOSTISOSAD:
- 2 taimset burgerit
- 4 tassi salatirohelist
- 1/2 tassi pruuni riisi
- 1 keskmine bataat, kuubikuteks
- 1/2 tassi keedetud musti ube
- 1 väike küps avokaado, kivideta ja viljalihaga, õhukesteks viiludeks
- 1/2 tassi pico de gallo
- lemmik kaste

JUHISED:
a) Keeda riis vastavalt pakendi juhistele; kui valmis, pane kõrvale.
b) Kuumuta ahi temperatuurini 375ºF ja vooderda küpsetusplaat küpsetuspaberiga.
c) Aseta kuubikuteks lõigatud bataat vooderdatud ahjuplaadile ja nirista peale oliiviõli; kasutage täielikult katmiseks käsi.
d) Küpseta bataati umbes 20 minutit või kuni see on pehme.
e) Küpseta burgerit vastavalt juhistele .
f) Jaotage lehtköögiviljad, riis, keedetud bataat, mustad oad, viilutatud avokaado ja pico de gallo ühtlaselt kahe kausi vahele.
g) Tõsta peale veidi jahtunud Burger ja nirista peale oma lemmikkastme.

17.Burgerid Tofu kausiga

KOOSTISOSAD:
PATTIES
- ½ tassi Bulgurit
- 2 porgandit, tükeldatud
- 4 untsi tugevat tofut
- 1 vegan munaasendaja
- 3 spl hakitud värsket piparmünt
- 3 supilusikatäit hakitud talisibulat
- ¼ tl Cayenne'i pipart
- ⅓ tassi Tavalist pankot , kuivatatud
- ⅓ tassi Jahu, jagatud kasutamine
- 2 spl Kerge ketšup
- 2 tl Dijoni sinepit

SERVEERIMA
- 4 Rooma salati lehte
- 4 tomati viilu
- ½ tassi lutserni idud

JUHISED:
a) Kuumuta kaanega kastrulis vesi ja sool tulel keema.
b) Lisa bulgur ja porgand ning tõsta tulelt .
c) Püreesta kausis tofu.
d) Sega hästi segades bulguri segu, vegan munaasendaja, piparmünt, talisibul ja cayenne.
e) Segage panko , ¼ tassi jahu, ketšup ja sinep.
f) Vormi bulgurisegust pätsikesed ja prae.
g) Kogu serveerimisained kaussi.

VEGGIE RULLID

18.Suverullid Tšiili-laimi dipikastmega

KOOSTISOSAD:
- 2 spl kalakastet
- 2 spl laimimahla
- 2 spl suhkrut
- 2 spl vett
- 1 väike punane tšilli, purustatud
- 4 untsi riisi vermišelli
- 12 5-tollist ümmargust riisipaberist ümbrist
- ½ punast paprikat, lõigatud ribadeks
- ½ kollast paprikat, lõigatud ribadeks
- ½ avokaadot, viilutatud
- 2 tassi lutserni idud
- 6 suurt basiilikulehte, viilutatud

JUHISED:
a) Segage väikeses segamiskausis kalakaste, laimimahl, suhkur, vesi ja tšilli, segades suhkru lahustamiseks.
b) Kuumuta keskmises potis veidi vett keema.
c) Küpseta pidevalt segades 1 minut või kuni vermikelli on hästi küpsenud; tühjendage ja jahutage kausis, regulaarselt viskades.
d) Täitke väike kraanikauss poolenisti veega. 2 riisipaberit korraga tuleks vette kasta, üleliigne maha raputada, tööpinnale tõsta ja lasta 30 sekundit pehmeneda.
e) Asetage iga riisipaberi alumisele kolmandikule väike peotäis vermišelli. Lisa kaks riba punast ja kollast paprikat, üks riba avokaadot, üks riba kurki ja tohutu peotäis lutserni idusid. Lisa viimistlusena mõned basiilikuribad.
f) Tasandage koostisosad ja keerake need riisipaberisse, keerates need külgedelt kokku.
g) Tihendamiseks vajutage tugevasti. Kasutades allesjäänud riisipaberit ja täidiseid, korrake protsessi.
h) Kui kõik rullid on valmis, jaga need diagonaalselt pooleks ja serveeri dipikastmega.

19. Köögiviljarullid küpsetatud maitsestatud tofuga

KOOSTISOSAD:
- 1-untsi oa niitnuudlid, keedetud ja nõrutatud
- 1½ tassi Napa kapsast, hakitud
- ½ tassi porgandit, riivitud
- ⅓ tassi talisibulat, õhukeseks viilutatud
- 12 riisipaberi ringi (läbimõõt 8 tolli)
- 4 untsi küpsetatud maitsestatud tofut (1 tass)
- 24 suurt basiilikulehte
- Maapähkli Miso kaste

JUHISED:
TÄIDISEKS:
a) Pigistage keedetud oa-nuudleid õrnalt, et liigne niiskus eralduks, ja seejärel hakkige need jämedalt.

b) Viska suures kausis kokku keedetud nuudlid, hakitud Napa kapsas, riivitud porgand ja õhukeselt viilutatud talisibul.

VEDRURULLIDE KOKKUVÕTTEKS:
c) Täida 10-tolline pirukaplaat sooja veega. Kastke üks riisipaber vette ja leotage seda, kuni see muutub elastseks, mis peaks võtma umbes 30–60 sekundit.

d) Viige pehmendatud riisipaber puhtale köögirätikule ja kuivatage see õrnalt, et eemaldada liigne vesi.

e) Asetage umbes ¼ tassi nuudlisegu riisipaberi alumisele kolmandikule.

f) Jaotage nuudlite peale 5 või 6 kuubikut küpsetatud maitsestatud tofut ja 2 basiilikulehte.

g) Tõsta riisipaberi alumine serv täidise peale, murra küljed keskkoha poole ja keera siis kevadrull võimalikult tihedalt kokku.

h) Korrake seda protsessi ülejäänud riisipaberite ja täidisega.

MAAPÄHKLI MISO KASTE:
i) Jagage Peanut Miso Dressing mitme väikese kausi vahel ja serveerige seda kastmiseks koos kevadrullidega.

SERVEERIMA:
j) Serveeri köögiviljakevadrulle kohe või hoia neid kuni 2 päevaks tihedalt suletud anumas külmkapis (enne serveerimist tõsta toatemperatuurile).

k) Nautige oma köögiviljade kevadrulle küpsetatud maitsestatud tofu ja maapähkli miso kastmega! Need rullid on mõnus ja tervislik suupiste või eelroog.

20.Seene riisipaberi rullid

KOOSTISOSAD:
- 1 spl seesamiõli
- 2 küüslauguküünt, purustatud
- 1 tl riivitud ingverit
- 2 šalottsibulat, peeneks viilutatud
- 300g nööpseeni, tükeldatud
- 40 g hiina kapsast, peeneks hakitud
- 2 tl madala soolasisaldusega sojakastet
- 16 suurt riisipaberilehte
- 1 hunnik värsket koriandrit, lehed korjatud
- 2 keskmist porgandit, kooritud, peeneks julieneeritud
- 1 tass oadudseid, kärbitud
- Eriti madala soolasisaldusega sojakaste, serveerimiseks

JUHISED:
VALMISTA SEENETÄIDIS
a) Kuumuta seesamiõli, purustatud küüslauku ja riivitud ingverit pannil madalal kuumusel 1 minut.
b) Lisa pannile peeneks hakitud šalottsibul, hakitud nööbiseened ja hakitud hiina kapsas.
c) Tõsta kuumus keskmisele ja küpseta 3 minutit või kuni koostisosad on pehmed.
d) Viige keedetud segu kaussi, lisage madala soolasisaldusega sojakaste ja asetage see jahtuma.
PEHME RIISPABERI LEHTID
e) Täida suur kauss sooja veega.
f) Asetage 2 riisipaberilehte korraga vette, et see umbes 30 sekundiks pehmeneks. Veenduge, et need muutuvad pehmeks, kuid siiski käsitsemiseks piisavalt tugevaks.
KOKKU RULLID KOKKU
g) Eemaldage pehmenenud riisipaberilehed veest ja nõrutage need hästi. Asetage need tasapinnale.
h) Puista igale lehele värskeid koriandrilehti ja seejärel võileivaga teise riisipaberilehega.
i) Tõsta kahekihiline riisipaber supilusikatäie seente seguga, jälgides, et liigne niiskus välja voolaks.

j) Lisa seenesegu peale julieneeritud porgand ja oad.
k) Murra riisipaberi otsad sisse ja keera leht tugevasti kokku.
l) Asetage ettevalmistatud rull kõrvale ja katke see plastikuga.
m) Korrake protsessi ülejäänud koostisosadega, et luua rohkem rulle.
n) Serveeri Mushroom Rice Paper Rolls kohe koos eriti madala soolasisaldusega sojakastmega.

21. Avokaado ja köögiviljade riisipaberirullid

KOOSTISOSAD:
- 8 väikest riisipaberist ümbrist
- ½ tassi hakitud jääsalatit
- ¾ tassi (50 g) kärbitud oadudseid
- 1 väike porgand, kooritud ja riivitud
- 1 keskmine Liibanoni kurk, kooritud ja ribadeks lõigatud
- 1 keskmine avokaado, kooritud ja ribadeks lõigatud
- Magus tšillikaste, serveerimiseks

JUHISED:
a) Valage kuuma vett kuumakindlasse kaussi, kuni see on pooltäis.
b) Kastke üks riisipaberist ümbris vette ja asetage see tasasele pinnale.
c) Laske sellel seista 20–30 sekundit või seni, kuni see muutub piisavalt pehmeks, et veereda ilma lõhenemata.

KOKKU KOKKUVÕTE RIISPABERI RULLID
d) Asetage ⅛ rebitud salatist pehme riisipaberi ümbrise ühte serva.
e) Kata salatile ⅛ oad, riivitud porgand, kurgipaelad ja avokaadoribad.
f) Voldi ümbrise otsad kokku ja keera täidise katmiseks tugevasti kokku.
g) Rulli kuivamise vältimiseks katke see niiske käterätikuga.
h) Korrake seda protsessi ülejäänud riisipaberi ümbriste ja täidistega.
i) Serveeri avokaado ja taimse riisipaberi rullid dippimiseks magusa tšillikastmega.
j) Nautige neid kergeid ja tervislikke riisipaberirulle, mis on täidetud värske avokaado ja köögiviljade headusega!

22. Vikerkaarerullid Tofu-maapähklikastmega

KOOSTISOSAD:
- 12 ümmargust 22cm riisipaberist ümbrist
- 2 avokaadot, õhukesteks viiludeks
- 24 värsket koriandrioksa
- 24 suurt värsket piparmündilehte
- 300 g punast kapsast, peeneks hakitud
- 2 suurt porgandit, lõigatud tikutopsi
- 2 Liibanoni kurki, seemnetest eemaldatud, lõigatud tikutopsi
- 100g oa idandeid, kärbitud
- 3 rohelist šalottsibulat, diagonaalselt õhukesteks viiludeks

TOFU MAAPÄHKLIKASTE:
- 150 g Silken Tofut
- 70 g (¼ tassi) naturaalset sileda maapähklivõid
- 2 spl riisiveini äädikat
- 1 supilusikatäis Shiro miso pasta (valge miso pasta)
- 3 tl mett
- 3 tl peeneks riivitud värsket ingverit
- 2 tl tamari
- 1 väike küüslauguküüs, purustatud

JUHISED:
TOFU MAAPÄHKLIKASTE:
a) Aseta kõik tofukastme koostisosad blenderisse ja blenderda ühtlaseks massiks. Kõrvale panema.
RAINBOW RIISPABERI RULLIDE KOKKUVÕTE:
b) Kasta üks riisipaberi ümbris külma vette 10-20 sekundiks või kuni see hakkab pehmenema. Nõruta see puhtale käterätikule ja aseta tööpinnale.
c) Pange riisipaberi ümbris peale 2 avokaadoviilu, 2 koriandrioksa, 2 piparmündilehte, portsjonit punast kapsast, porgandit, kurki, oad ja šalottsibulat.
d) Murra riisipaberi ümbrise otsad sisse ja keera täidise katmiseks tugevasti kokku.
e) Korrake seda protsessi ülejäänud ümbristega.
f) Serveeri vikerkaareriisipaberi rullid koos dippimiseks tofu-maapähklikastmega.

23. Mango kevadrullid

KOOSTISOSAD:
- 2 untsi õhukest riisi vermišelli
- 8 riisipaberi ringi (läbimõõduga 8 ½ tolli)
- 4 suurt salatilehte, ribid eemaldatud, lehed pikuti poolitatud
- 1 suur porgand, tükeldatud
- 2 Mangot, kooritud ja viilutatud
- ½ tassi värskeid basiiliku lehti
- ½ tassi värskeid piparmündi lehti
- 4 untsi värskeid ubad (1 tass)
- Vürtsikas Tai vinegrett

JUHISED:
a) Alustuseks leotage riisivermikelli 2 tassi soojas vees umbes 15 minutit. Kui need on leotatud, nõrutage need ja asetage kõrvale.
b) Seejärel kastke riisipaberileht sooja vette, mille temperatuur on umbes 110 kraadi Fahrenheiti järgi, ja viige see seejärel niiske köögirätikuga kaetud tööpinnale.
c) Oodake umbes 30 sekundit või kuni ümbris muutub elastseks. Nüüd asetage salatileht kahele kolmandikule riisipaberi alumisele osale, tagades, et jätate põhjale 2-tollise paberiääre.
d) Laota salati peale 2 supilusikatäit vermišelli, 1 sl hakitud porgandit, 2 viilu mangot, 1 sl basiilikut ja münti kumbagi ning 2 supilusikatäit oavõrseid.
e) Pöörake riisipaberi alumine 2-tolline serv täidise peale ja keerake see täidise katmiseks uuesti üles. Jätkake ümbrise parema serva ja seejärel vasaku serva kokkuvoltimisega. Jätkake voltimist, kuni moodustub tihe silinder.
f) Tõsta valmis kevadrull serveerimisalusele ja kata värskena hoidmiseks niiske paberrätikuga.
g) koostisosad on ära kasutatud .
h) Neid mango kevadrulle on kõige parem nautida vürtsika Tai vinegrettiga dipikastmena.

24. Segatud puuviljakevadrullid maasikakastmega

KOOSTISOSAD:
PUUVILJADE KEVADRULLIDE KOHTA:
- 1 tass maasikaid, viilutatud neljandikku
- 2 kiivi, lõigatud viiludeks
- 2 apelsini, viiludeks lõigatud
- 1 mango, ribadeks lõigatud
- 2 virsikut, lõigatud ribadeks
- ½ tassi kirsse, kividest eemaldatud ja pooleks lõigatud
- ½ tassi mustikaid
- ½ tassi vaarikaid
- 1 tärni puu
- 8 lehte Vietnami riisipaberit
- Värsked piparmündilehed

MAASIKADIPPEKASTME JAOKS:
- 2 tassi maasikaid
- 1 kannatusvili

ŠOKOLAADI Kastme jaoks:
- 1 tass tumedat šokolaadi, sulatatud

JUHISED:
PUUVILJA KEVADRULLIDE ETTEVALMISTAMINE:

a) Lõika kõik puuviljad väikesteks tükkideks. Soovi korral kasuta mango jaoks tähekujulist lõikurit.

b) Täitke madal kauss veega ja kastke Vietnami riisipaberilehed vette, veendudes, et need saavad mõlemalt poolt mõõdukalt märjaks. Olge ettevaatlik, et mitte leotada neid liiga kaua, kuna need võivad muutuda liiga pehmeks.

c) Kui olete riisipaberid leotanud, asetage igale riisipaberilehele osa ettevalmistatud puuvilju.

d) Asetage need keskele ja rullige need siis nagu burrito kokku, keerates kaks külgmist klappi sisse.

MAASIKADIKETTE VALMISTAMINE:

e) Sega segistis maasikad ja passionivilja viljaliha.

f) Blenderda ühtlaseks. Sellest saab teie maasikakaste.

TEENINDAMINE:

g) Serveeri puuviljakevadrulle maasika dipikastmega. Kastmisvõimalusena võid pakkuda ka sulatatud tumedat šokolaadi.

h) Nautige oma värskendavaid ja tervislikke Fruit Spring Rolls kuumadel suvepäevadel!

25.Troopiliste puuviljade suverullid

KOOSTISOSAD:
SUVERULLIDE JAOKS:
- 8 riisipaberist ümbrist
- 1 küps mango, kooritud ja õhukesteks viiludeks
- 1 küps papaia, kooritud, seemnetest puhastatud ja õhukesteks viiludeks lõigatud
- 1 banaan, õhukeselt viilutatud
- ½ ananassi, kooritud, puhastatud südamikust ja õhukesteks viiludeks
- ½ tassi värskeid piparmündi lehti
- ½ tassi värskeid basiiliku lehti (valikuline)
- ½ tassi värskeid koriandri lehti (valikuline)

DIPIKASTME JAOKS:
- ¼ tassi kookospiima
- 2 supilusikatäit mett
- 1 spl laimimahla
- ½ tl riivitud laimikoort
- ½ tl vaniljeekstrakti

JUHISED:

DIPIKASTME JAOKS:
a) Sega väikeses kausis kokku kookospiim, mesi, laimimahl, laimikoor ja vaniljeekstrakt, kuni need on hästi segunenud. Kõrvale panema.

SUVERULLIDE JAOKS:
b) Valmistage kõik puuviljad ja ürdid ette, pestes ja viilutades need õhukesteks ribadeks.

c) Täida madal tass sooja veega. Ükshaaval töötades asetage riisipaberist ümbris sooja vette umbes 10-15 sekundiks või kuni see muutub pehmeks ja painduvaks.

d) Tõstke pehmenenud riisipaber ettevaatlikult üles ja asetage see puhtale pinnale, näiteks taldrikule või lõikelauale.

e) Asetage riisipaberi alumisele kolmandikule mango-, papaia-, banaani- ja ananassiviilud. Lisa maitse lisamiseks peotäis värskeid piparmündilehti ning soovi korral basiiliku- ja koriandrilehti.

f) Murra riisipaberi küljed sisse ja keera seejärel sarnaselt burrito rullimisega tihedalt kokku.

g) Korrake protsessi ülejäänud riisipaberi ümbriste ja puuviljadega.

h) Serveeri troopiliste puuviljade suverullid koos valmistatud dipikastmega.

26.Berry ja Veggie riisipaberi rullid

KOOSTISOSAD:
SUVERULLIDE JAOKS:
- 10 riisipaberist ümbrist (vali kahe suuruse vahel: suverullid)
- 1,5 tassi keedetud vermikelli nuudleid (valikuline süsivesikute lisamiseks)
- ½ tassi maasikaid
- ½ tassi vaarikaid
- ½ tassi murakaid

KÖÖGvili:
- 1 väike rooma salat
- 1 porgand
- ½ kurk
- 1 paprika
- ½ tassi lillat lillkapsast (valikuline)
- ½ tassi punast kapsast
- 1 avokaado
- Peotäis koriandrit
- Peotäis värsket piparmünti
- Peotäis Tai basiilikut
- Söödavad lilled (valikuline)

VALG (valikuline):
- ½ tassi tofut

DIPSID JA KASTE:
- Maapähkli dipikaste
- Salatikaste (maasika-, vaarika- või murakakaste)

JUHISED:
VALMISTA TÄIDISED
a) Alustage vermikelli nuudlite keetmisega vastavalt pakendi juhistele, tagades, et need täielikult jahtuvad. Hästi mõjub nende lühike blanšeerimine ja külma veega loputamine.

b) Valmistage puu- ja köögiviljad õhukesteks viiludeks või julienne-stiilis. Samuti saate templite abil luua lõbusaid kujundeid, nagu südamed, lilled või tähed. Tofu jaoks julienne see õhukesteks batoonitükikesteks.

VALMISTA OMA DIPIKASTE/S

c) Kastmete kastmiseks on erinevaid valikuid, näiteks maapähklivõi kaste, magus tšillikaste Mango või marjakaste (maasikas, vaarikas või murakas).
d) Teise võimalusena võid rulle serveerida sojakastmega.

VALMISTAGE RIISIPABER

e) Pehmendage riisipaberi ümbriseid ükshaaval, kastes need 5-10 sekundiks sooja vette.
f) Eemaldage need, kui need muutuvad painduvaks, kuid mitte täielikult pehmeks. Laske liigsel veel tilkuda ja asetage see tasasele pinnale, näiteks niiskele lõikelauale või köögirätikule.

KOKKU KOKKUVÕTE SUVERULLID

g) Rullide täitmine on lihtne. Alustage ümbrise servast umbes tolli kaugusel ja laotage täidised, nt juurviljad, tofu (valikuline), marjaviilud ja ürdid, kihiti. Soovi korral võid lisada ka riisinuudleid.
h) Võtke arvesse koostisosade järjekorda, sest esimesed, mis pannakse, on rulli ülaosa.
i) Rullide pakkimiseks keerake servad sisse ja rullige korduvalt, kuni need on suletud. See on sarnane burrito veeretamisega.
j) Esteetiliselt meeldivate rullide saamiseks puista enne ülejäänud koostisosade lisamist seemned ja laotage vormitud puu- või köögiviljaviilud.
k) Neid suverulle on kõige parem nautida kohe või samal päeval. Serveeri neid oma eelistatud dipikastmega.
l) Hoidke kõik ülejäägid külmikus, eraldi pakendatuna, et vältida riisipaberi kuivamist ja pragunemist.
m) Enne tarbimist laske neil toatemperatuurini soojeneda.

27. Roosist inspireeritud riisipaberirullid

KOOSTISOSAD:
- 6 untsi kuivatatud riisinuudleid
- ½ tassi värskelt korjatud kulinaarseid roosi kroonlehti
- 12 ringikujulist riisipaberit
- 1 ¼ tassi õhukesteks viiludeks lõigatud redist ja/või inglise kurki
- ¼ tassi värskeid piparmündi lehti
- ¼ tassi värskeid koriandri lehti

ROOSIDE DIPIKASTE
- ¼ tassi sojakastet
- ¼ tassi roosiäädikat

JUHISED:
a) Keeda nuudleid suures kastrulis kergelt soolaga maitsestatud keevas vees 2–3 minutit või seni, kuni need on pehmed. Nõruta ja loputa külma vee all, seejärel nõruta korralikult.

b) Lõika jahtunud nuudlid avaras kausis lühikesteks tükkideks ja raputa need ¼ tassi roosi kroonlehtedega.

c) Rullide kokkupanek: Valage madalasse kaussi või pirukataldrikusse soe vesi. Võtke üks riisipaber korraga ja kastke see vette, kuni see muutub elastseks.

d) Asetage umbes ¼ tassi riisinuudleid umbes kolmandiku põhjast ülespoole, riisipaberi keskkoha poole. Murra alumine serv täidise peale ja keera korra tihedalt rulli.

e) Asetage osa köögivilju, ürte ja ülejäänud roosi kroonlehti rullitud osa kohale paberile. Tõmmake küljed sisse ja jätkake rullimist, et riisipaber täidise ümber sulgeda.

f) Korrake seda protsessi ülejäänud riisipaberitega. Serveeri rulle koos roosikastmega.

ROOSIDE DIPIKASTE:
g) Segage väikeses kausis ¼ tassi sojakastet ja ¼ tassi roosiäädikat.

h) Puista peale jämedalt jahvatatud musta pipart.

28. Tofu ja Bok Choy riisipaberirullid

KOOSTISOSAD:
- 12 värsket beebimaisi, poolitatud horisontaalselt
- 24 baby bok choy lehte
- 300 grammi tahket siidist tofut
- 2 tassi (160 g) oa idandeid
- 24 x 17 cm ruudukujulised riisipaberilehed

TŠILLIKASTUS:
- ⅓ tassi (80 ml) magusat tšillikastet
- 1 spl sojakastet

JUHISED:
a) Keeda, auruta või mikrolaineahjus maisi ja bok choy'd eraldi, kuni need muutuvad pehmeks. Äravool.
b) Samal ajal sega väikeses kausis tšillikastme koostisosad.
c) Poolita tofu horisontaalselt ja lõika kumbki pool 12 ühtlaseks ribaks.
d) Asetage tofu keskmisesse kaussi ja segage see poole tšillikastmega.
e) Asetage üks riisipaberileht keskmisesse kaussi sooja veega, kuni see lihtsalt pehmeneb.
f) Tõstke lina ettevaatlikult veest ja asetage see rätikuga kaetud tahvlile nurgaga enda poole.
g) Asetage üks tofuriba horisontaalselt lehe keskele, seejärel asetage sellele üks tükk maisi, bok choy leht ja mõned idud.
h) Murra endapoolne nurk täidise peale, seejärel keera riisipaber täidise katmiseks rulli, keerates pärast esimest täielikku rulli keeramist üks külg sisse.
i) Korrake seda protsessi ülejäänud riisipaberi lehtede, tofu, maisi, bok choy ja idudega.
j) Serveeri rullid kastmiseks ülejäänud tšillikastmega.

PIZZA

29. Magus ja vürtsikas ananassipitsa

KOOSTISOSAD:
- Ekstra-neitsioliiviõli, määrimiseks
- ½ naela sõtkumata leiba ja pitsataigen
- ½ tassi Chipotle salsat
- ¼ tassi värsket koriandrit või basiilikut, hakitud
- 1 tass hakitud vegan juustu
- 1 tass värsket ananassi tükki
- ½ tassi riivitud vegan juustu
- 2 rohelist sibulat, hakitud
- 1 tass beebi rukolat

JUHISED:
a) Kuumuta ahi 450 ° F-ni. Määri küpsetusplaat.
b) Rulli tainas kergelt jahusel tööpinnal ¼ tolli paksuseks.
c) Tõsta tainas ettevaatlikult ettevalmistatud küpsetusplaadile. Määri chipotle salsa taignale, jättes 1-tollise äärise.
d) Puista peale koriandrit, seejärel fontinat. Laota peale ananass ja viimistle veganjuustuga.
e) Küpseta pitsat 10–15 minutit, kuni koorik on kuldne ja juust sulanud.
f) Kõige peale roheline sibul ja rukola. Viiluta ja serveeri.

30. Nektariin White Pizza

KOOSTISOSAD:
- 2 spl ekstra neitsioliiviõli, lisaks veel määrimiseks ja niristamiseks
- ½ naela sõtkumata leiba ja pitsataigen
- 1 spl hakitud värsket murulauku
- ¼ tassi kergelt pakitud värskeid basiilikulehti, hakitud, pluss veel kaunistuseks
- 1 küüslauguküüs, riivitud
- 1 tl purustatud punase pipra helbeid
- 1½ tassi riivitud vegan juustu
- 1 nektariin või virsik õhukesteks viiludeks
- Koššersool ja värskelt jahvatatud pipar
- 6 murakat
- Palsamiäädikas, tilgutamiseks
- Kallis, tilgutamiseks

JUHISED:
a) Kuumuta ahi 450 ° F-ni. Määri küpsetusplaat.
b) Rulli tainas ¼ tolli paksuseks.
c) Tõsta tainas ettevaatlikult ettevalmistatud küpsetusplaadile.
d) Määri tainale 2 spl oliiviõli, jättes 1-tollise äärise, seejärel puista peale hakitud murulauk ning basiilik, küüslauk ja punase pipra helbed. Lisa vegan juust.
e) Laota peale nektariinid ja nirista kergelt üle oliiviõliga. Maitsesta soola ja pipraga. Küpseta, kuni koorik on kuldne ja juust sulanud, 10–15 minutit.
f) Soovi korral tõsta peale viilutatud basiilikut ja murakat ning nirista peale äädikat ja mett. Viiluta ja serveeri.

31.Grill maasikapitsa

KOOSTISOSAD:
- 1 pitsa tainas
- 1 tass vegan juustu pluss veel kaunistuseks
- 2 supilusikatäit balsamico glasuuri
- 2 tassi viilutatud maasikaid
- ⅓ tassi hakitud basiilikut
- pipar maitse järgi
- Niristamiseks 1 spl oliiviõli

JUHISED:
a) Küpseta pitsakoor BBQ-l või ahjus.
b) Tõsta tulelt ja määri peale india pähkli toorjuustuga.
c) Puista peale basiilikut ja maasikaid.
d) Nirista üle oliiviõli ja balsamico glasuuriga ning kaunista pipra ja vegan juustuga.

32.Viigimarja ja Radicchio pizza

KOOSTISOSAD:
- 3 kuivatatud missiooni viigimarja
- ½ tassi kuiva punast veini
- 2 spl tooreid kreeka pähkli tükke
- Universaalne jahu
- 6 untsi pall No-Knead Pizza Dough
- 2 spl ekstra neitsioliiviõli
- ½ pea radicchio, hakitud
- 2 untsi vegan juustu, lõigatud tükkideks

JUHISED:
a) Eelsoojendage broileri restiga elemendist või leegist 5 tolli kaugusel. Kui kasutate pitsa jaoks malmpanni või küpsetuspanni, asetage see keskmisele või kõrgele kuumusele, kuni see muutub suitsevalt kuumaks, umbes 15 minutit.
b) Viige pann või küpsetuspann broilerile.
c) Pange viigimarjad mõõdukal kuumusel pannile, valage veini ja laske keema tõusta. Lülitage kuumus välja ja laske viigimarjadel vähemalt 30 minutit leotada. Nõruta, seejärel lõika ½ tolli tükkideks.
d) Rösti pähklitükke kuival pannil kõrgel kuumusel 3–4 minutit. Tõsta taldrikule, lase jahtuda ja tükelda seejärel jämedalt.
e) Taigna vormimiseks puista tööpind jahuga ja tõsta sellele taignapall.
f) Puista peale jahu ja sõtku paar korda, kuni tainas kokku tuleb.
g) Vormi see 8-tolliseks ringiks, vajutades keskelt servade poole, jättes 1-tollise äärise ülejäänud osast paksemaks.
h) Avage ahjuuks ja libistage kiiresti välja rest koos küpsetuspinnaga. Korja üles tainas ja tõsta see kiiresti küpsetuspinnale, jälgides, et see pinda ei puudutaks.
i) Nirista tainale 1 spl õli, puista peale kreeka pähkli tükid, seejärel radicchio, seejärel hakitud viigimarjad ja seejärel juust.
j) Lükake rest tagasi ahju ja sulgege uks. Prae pitsat 3–4 minutit, kuni koorik on servadest üles paisunud, pitsa on kohati mustaks muutunud ja juust sulanud.
k) Eemaldage pitsa puidust või metallist koorega või papiruuduga, viige see lõikelauale ja laske paar minutit puhata.
l) Nirista peale ülejäänud 1 spl õli, lõika pitsa neljandikku, tõsta taldrikule ja söö.

33.Pizza Bianca virsikutega

KOOSTISOSAD:
- 12 untsi pitsa tainas
- universaalne jahu piserdamiseks
- 2 spl oliiviõli
- 3 küüslauguküünt, peeneks hakitud
- 2 virsikut, viilutatud
- 12 untsi vegan mozzarellat, tükeldatud tükkideks
- ½ tassi hakitud vegan mozzarellat
- puistamiseks jahvatatud pipart
- ¼ tassi tihedalt pakitud basiilikulehti
- 1 spl balsamico glasuuri, niristamiseks

JUHISED:
a) Kuumuta ahi temperatuurini 450F/230C. Puista pitsakivi universaalse jahuga. Tasandage pitsa tainas ¼ tolli paksuseks karedaks ringiks. Värvi oliiviõliga ja puista peale hakitud küüslauk.
b) Kaunista pitsa viilutatud virsikute ja mozzarellatükkidega, puista peale rebitud mozzarellat ja veidi pipart.
c) Küpseta 15–20 minutit või kuni servad on kuldpruunid ja mozzarella keskel mullitab. Eemaldage kuumusest ja laske 5 minutit jahtuda.
d) Kaunista pitsa värskete basiilikulehtedega ja nirista peale balsamico glasuur.

34.Vegan arbuusi puuviljapitsa

KOOSTISOSAD:
- ½ tassi magustamata kookospiima jogurti alternatiiv
- 1 tl puhast vahtrasiirupit
- ¼ tl vaniljeekstrakti
- 2 suurt ümmargust arbuusiviilu, lõigatud meloni keskelt
- ⅔ tassi viilutatud maasikaid
- ½ tassi poolitatud mustikaid või murakad
- 2 spl röstitud magustamata kookoshelbeid

JUHISED:
a) Segage väikeses kausis jogurti alternatiivid, vahtrasiirup ja vanill.
b) Määri igale arbuusiringile ¼ tassi jogurtisegu.
c) Lõika iga ring 8 viiluks.
d) Kõige peale tõsta maasikad ja mustikad.
e) Puista üle kookospähkliga.

35.Grill Jackfruit Pizza

KOOSTISOSAD:
KUKARPUUTELE
- 20 untsi purk noori rohelisi kikkapuuvilju soolvees või vees, MITTE siirupis
- ½ tassi ketšupit
- ¼ tassi õunasiidri äädikat
- ¼ tassi vett
- 2 supilusikatäit tamari- või sojakastet, kui ei väldi gluteeni
- 1 spl vahtrasiirup
- 1 spl kollast sinepit
- 1 tl suitsupaprikat
- 1 tl küüslaugupulbrit
- 1 tl sibulapulbrit

PITSA JAOKS
- 2 12-tollist mitmeteralist lehtleiba/taigna
- ½ retseptiga vegan mozzarella juust
- ¼ tassi punast sibulat õhukeselt viilutatud

JUHISED:
a) Alustage oma vegan mozzarella juustu valmistamisega. Seejärel pange ülejäänu valmistamise ajaks külmkappi, et see pisut tahkuks ja oleks kergem koorikule kanda.
b) Nõruta ja loputa kikkapuu väga hästi, et soolvee maitse maha pesta. Seejärel tõsta köögikombaini ja pulbi, kuni see on purustatud. Ära töötle, tahad jämedaid tükke, mitte hakkliha.
c) Teise võimalusena võite kikkapuu lõikelauale tõsta ja tükid sõrmede või kahe kahvliga lahti tõmmata. Kõrvale panema.

KUKARPUUVILJA KEEMTA
d) Vispelda väikeses kausis kõik kastme koostisosad ja tõsta kõrvale.
e) Tõsta rebitud kikkapuu pannile ja vala peale kaste. Prae keskmisel kuumusel aeg-ajalt segades, kuni kaste on valdavalt imendunud. Selleks kulub umbes 8-10 minutit.

KOOSTAMINE
f) Kuumuta ahi 425 kraadini F ja vooderda suur küpsetusplaat küpsetuspaberiga, et mõlemad lehtleivad sobiksid, või kasuta kahte väiksemat plaati.
g) Jagage kikkapuu kahe lehtleiva vahel ja kühveldage vegan mozzarellat, kasutades melonipalli või teelusikatäit. Tõsta juust üle kogu pitsa ja puista peale punane sibul. Küpseta 13-18 minutit või kuni servad on kuldsed ja mozzarella veidi sulanud.

36.Butternut Squash Pizza õunte ja pekanipähklitega

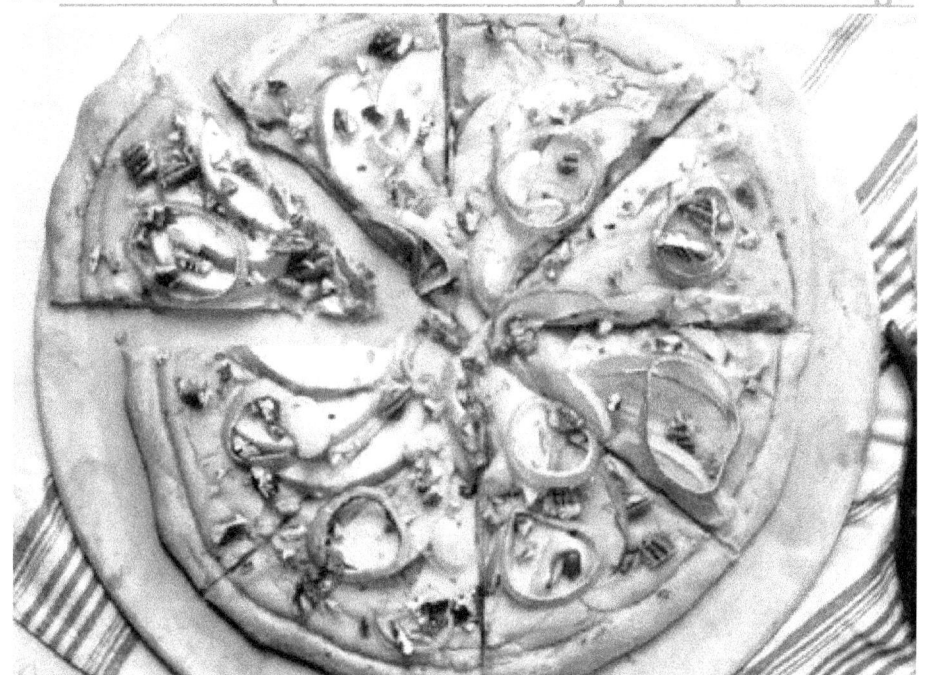

KOOSTISOSAD:
VÕIPÄHKLIKAUTSIKASTME JAOKS:
- 4 tassi kuubikuteks lõigatud kõrvitsat
- 2 spl ekstra neitsioliiviõli
- 1 keskmine küüslauguküüs, kooritud
- 1 spl toitev pärmihelbed
- 1 tl Dijoni sinepit
- 1 tl värskeid tüümiani lehti
- Näputäis punase pipra helbeid
- ½ tl koššersoola + rohkem maitse järgi
- ⅛ tl värskelt jahvatatud musta pipart + rohkem maitse järgi

PIZZA JAOKS:
- 1 nael 16 untsi omatehtud või poest ostetud pitsataigen
- 1 partii squashikastet
- 2 keskmist õuna
- ½ väikest punast sibulat, õhukeselt viilutatud
- ⅓ tassi pekanipähklit, hakitud
- 2 spl oliiviõli
- Paar näpuotsatäis košer- või meresoola
- Paar lehte värsket tüümiani

JUHISED:
a) Kuumuta ahi temperatuurini 450 kraadi Fahrenheiti.
b) Valmista kaste. Täida suur kastrul poolenisti veega ja tõsta kõrgele kuumusele. Lisa kõrvits. Kuumuta keemiseni ja keeda, kuni see muutub kahvli pehmeks, 6–7 minutit.
c) Nõruta kõrvits kurnis ja lase paar minutit jahtuda. Lisa kiirblenderi kannu või S-teraga varustatud köögikombaini kaussi. Lisa ülejäänud koostisosad ja püreesta ühtlaseks massiks. Kui kastet on vaja veidi vedeldada, lisa veel oliiviõli, umbes teelusikatäie kaupa.
d) Laota tainas soovitud kuju ja paksusega küpsiseplaadile või pitsakivile. Lisa kõrvitsakaste ja määri lusikaga laiali. Laota kihiti õuntega, siis sibulaga, siis pekanipähklitega. Nirista peale 2 spl oliiviõli ja puista peale paar näpuotsatäis soola.
e) Küpseta, kuni koorik on kuldne ja läbi küpsenud, õunad ja sibul on pehmed ning pekanipähklid on röstitud, kuid mitte kõrbenud, umbes 10 minutit.
f) Kõige peale tõsta värske tüümiani e.

37. Portobello ja musta oliivi pitsa

KOOSTISOSAD:

- 1 pitsa tainas
- 2 spl oliivióli
- 2 portobello seenekübarat, lõigatud ¼-tollisteks viiludeks
- 1 spl peeneks hakitud värsket basiilikut
- ¼ tl kuivatatud oreganot
- Sool ja värskelt jahvatatud must pipar
- ½ tassi pitsakastet või marinara kastet

JUHISED:

a) Tasandage kerkinud tainas veidi, katke see kile või puhta rätikuga ja asetage 10 minutiks kõrvale.
b) Asetage ahjurest ahju madalaimale tasemele. Kuumuta ahi 450 ° F-ni. Õlita kergelt pitsapann või küpsetusplaat.
c) Pöörake lõdvestunud tainas kergelt jahuga ülepuistatud tööpinnale ja tasandage kätega, sageli keerates ja jahustades, muutes sellest 12-tollise ringi. Olge ettevaatlik, et mitte üle pingutada, vastasel juhul jääb kooriku keskosa liiga õhukeseks. Tõsta tainas ettevalmistatud pitsapannile või küpsetusplaadile.
d) Kuumutage pannil mõõdukal kuumusel 1 spl õli.
e) Lisa seened ja küpseta, kuni need on pehmenenud, umbes 5 minutit. Eemaldage tulelt ja lisage basiilik, pune ning maitse järgi soola ja pipart. Sega juurde oliivid ja tõsta kõrvale.
f) Määri ülejäänud 1 supilusikatäis õli ettevalmistatud pitsatainale ja aja see sõrmeotstega ühtlaselt laiali. Vala peale pitsakaste, jaotades ühtlaselt umbes ½ tolli kaugusele taigna servast. Jaotage köögiviljasegu ühtlaselt kastmele, umbes ½ tolli kaugusele taigna servast.
g) Küpseta, kuni koor on kuldpruun, umbes 12 minutit. Lõika pitsa 8 viilu ja serveeri kuumalt.

38.Vegan valge seene pizza

KOOSTISOSAD:
- 1 pitsa tainas
- 2 spl oliiviõli
- ½ tassi õhukeselt viilutatud punast sibulat
- ¼ tassi hakitud punast paprikat
- 1 tass viilutatud valgeid seeni
- ½ tassi pitsakastet või marinara kastet
- ¼ tl kuivatatud basiilikut
- Sool ja värskelt jahvatatud must pipar
- 2 spl viilutatud kivideta Kalamata oliive

VALIKULISED TÄIDISED:
- Praetud suvikõrvits
- Viilutatud kuum paprika
- Artišoki südamed
- Päikesekuivatatud tomatid

JUHISED:
a) Asetage ahjurest ahju madalaimale tasemele. Kuumuta ahi 450 ° F-ni. Õlita kergelt pitsapann või küpsetusplaat.
b) Kui pitsa tainas on kerkinud, tasandage tainas veidi, katke see kilega või puhta rätikuga ja asetage see 10 minutiks kõrvale.
c) Tõsta tainas jahuga kaetud pinnale ja lamedamaks kätega, sageli keerake ja jahustage, muutes sellest 12-tollise ringi. Olge ettevaatlik, et mitte üle pingutada, vastasel juhul jääb kooriku keskosa liiga õhukeseks. Tõsta tainas ettevalmistatud pitsapannile või küpsetusplaadile.
d) Kuumutage pannil mõõdukal kuumusel 1 spl õli. Lisa sibul, paprika ja seened ning küpseta, kuni need on pehmenenud, umbes 5 minutit. Tõsta tulelt ja tõsta kõrvale.
e) Määri ülejäänud 1 supilusikatäis õli ettevalmistatud pitsatainale ja aja see sõrmeotstega ühtlaselt laiali.
f) Vala peale pitsakaste, jaotades ühtlaselt umbes ½ tolli kaugusele taigna servast. Puista peale pune ja basiilik.
g) Jaotage köögiviljasegu ühtlaselt kastmele umbes ½ tolli kaugusel taigna servast.
h) Maitsesta soola ja musta pipraga maitse järgi. Puista peale oliivid ja soovitud lisandid.
i) Küpseta, kuni koor on kuldpruun, umbes 12 minutit. Lõika pitsa 8 viilu ja serveeri kuumalt.

39.Mini Portobello pitsad

KOOSTISOSAD:
- 1 Viinapuu Tomat, õhukesteks viiludeks
- ¼ tassi värsket hakitud basiilikut
- Näputäis madala naatriumisisaldusega soola ja pipart
- 4 untsi vegan juustu
- 20 viilu Pepperoni
- 6 supilusikatäit oliivõli
- 4 Portobello seenekübarat

JUHISED:
a) Kraabi välja kõik seene sisemus.
b) Kuumuta ahi kõrgel kuumusel ja pintselda seente siseküljed oliiviõliga. Maitsesta soola ja pipraga.
c) Prae seeni 3 minutit.
d) Pööra seened ümber ja pintselda oliiviõliga ning maitsesta soola ja pipraga.
e) Keeda veel 4 minutit.
f) Igasse seeni asetage tomati ja basiiliku leht.
g) Tõsta igale seenele 5 tükki pepperoni ja vegan juustu.
h) Hauta veel 2 minutit.

40.Mahe Microgreen Forest Pizza

KOOSTISOSAD:
- 1 pitsa tainas
- ½ tassi chimichurri
- ½ tassi värsket vegan juustu, osaliselt külmutatud ja riivitud
- 4 untsi cremini seeni, viilutatud
- 2 untsi brokkoli
- 1½ tassi rukolat
- ⅓ tassi hakitud vegan juustu
- Kerge segu mikrorohelised

JUHISED:
a) Määri pitsakoor maisijahu või mannajahuga. Pitsa kleepumise vältimiseks peate pitsakoorele pihta rohkem kui arvate, et pitsa libiseb pitsakivile.
b) Asuge kõrvale.
c) Kui olete valmis tainast vormima ja pitsat ehitama, soojendage ahi pitsakiviga.
d) Asetage kivi ahju alumisele kolmandikule ja soojendage 500 kraadini.
e) Kui mu ahi on eelsoojendatud, seadke taimer 30 minutiks.
f) Tõsta pitsa tainas rikkalikult jahusele pinnale.
g) Venitage see pitsakujuliseks või võite selle esmalt pooleks jagada, et teha kaks eraldi pitsat. Väiksemaid pitsasid on lihtsam koorelt pitsakivile üle kanda.
h) Jäta kindlasti äär või "kooriku" serv.
i) Tõsta tainas ettevalmistatud koorele.
j) Tõsta lusikaga ja määri chimichurri pitsa keskele. Peal kõige vegan juustuga. Seejärel tõsta peale viilutatud cremini seened ja brokkoliõisikud.
k) Küpseta 6 kuni 9 minutit. Või kuni koorik on kuldne, juust sulanud ning brokkoli ja seened pehmed. Poole küpsetamise pealt keeran pitsat ümber.
l) Eemalda ja viiluta. Lisa rukola, rohkem juustu, musta pipart ja mikrorohelisi.

41. Kukeseente pitsa vegan juustuga

KOOSTISOSAD:
- 2 pitsatainast
- ½ tassi tomatipüreed
- ¼ teelusikatäit soola
- 1 näputäis küüslaugupulbrit
- 1 portsjon vegan juustukastet
- 3 tassi kukeseeni
- 1 spl hakitud värsket basiilikut
- 1 spl värsket pune

JUHISED:
a) Kuumuta ahi temperatuurini 480°F/250°C.
b) Jaga pitsa tainas kaheks võrdseks tükiks ja rulli kumbki jahusel küpsetuspaberil lahti, kuni sellest saab kena pitsapõhi.
c) Sega tomatipüree soola ja küüslaugupulbriga.
d) Lisa tainale ja aja suure lusikaga laiali.
e) Valmistage Vegan juustukaste ja lisage see pitsale.
f) Pese ja puhasta kukeseened. Lõika suured pooleks ja lisa pitsale.
g) Pane pitsa ahju ja küpseta umbes 10-15 minutit.
h) Peale küpsetamist pane pitsale peale värske basiilik ja pune. Nautige!

42.Vegan seente ja šalottsibula valge pitsa

KOOSTISOSAD:
- 16 untsi pakk eelnevalt valmistatud pitsatainast
- jahu taigna rullimiseks
- 3 spl päikesekuivatatud tomatiõli purgist eraldatuna
- 4 shiitake seente vart eemaldada ja õhukesteks viiludeks
- 1 õhukeseks viilutatud šalottsibul
- soola ja pipart maitse järgi
- 1 tl hakitud värsket tüümiani
- 1 tl hakitud värsket basiilikut
- 1 küüslauguküüs hakitud
- 4 spl vegan toorjuustu
- 3 spl vegan koorekreemi
- ¼ tassi päikesekuivatatud tomateid jämedalt tükeldatud, õlist nõrutatud
- serveerimiseks rukola, oliiviõli, basiilik ja punase pipra helbed

JUHISED:
a) Tõsta tainas kergelt jahusele pinnale ja kuumuta ahi 500 kraadini. Laske tainal soojeneda toatemperatuurini ja ahju eelsoojeneda 30 minutit.
b) Taigna puhkamise ajal lisa keskmisel kuumusel pannile 1 sl päikesekuivatatud tomatiõli. Lisa seened, šalottsibul ja näputäis pipart ning sega ühtlaseks. Keeda 5 minutit, segades vaid paar korda. Lisa näpuotsaga soola ja küpseta veel paar minutit.
c) Tõsta tulelt ja tõsta kõrvale.
d) Lisa ülejäänud 2 supilusikatäit õli tüümiani, basiiliku ja küüslauguga kaussi. Sega segamiseks ja tõsta kõrvale.
e) Sega kausis toorjuust ja koor ning vahusta ühtlaseks massiks. Kõrvale panema.
f) Kokkupanemiseks laota tainas kergelt õlitatud ahjuplaadile. Laotage soovitud kuju. Määri õli/ürdi segu taignale laiali. Kõige peale tõsta päikesekuivatatud tomatid. Nirista toorjuustusegu tomatitele. Lõpuks laota peale seened/šalottsibul. Pane ahju ja küpseta 10 minutit. Pööra pitsat ja küpseta veel 3 minutit.
g) Tõsta ahjust välja ja tõsta peale rukola, basiilik, punase pipra helbed, näpuotsatäis soola ja tilk oliiviõli.
h) Tükelda ja serveeri!

43.Kollased tomatid Valge pitsa

KOOSTISOSAD:
- 2 pitsatainast
- 1 Yukon Gold kartul, kooritud ja lõigatud ¼-tollisteks viiludeks
- Sool ja värskelt jahvatatud must pipar
- 2 spl oliiviõli
- 1 Vidalia või muu magus sibul, lõigatud ¼-tollisteks viiludeks
- 6 kuni 8 värsket basiilikulehte
- 2 küpset kollast tomatit, lõigatud ¼-tollisteks viiludeks

JUHISED:
a) Asetage ahjurest ahju madalaimale tasemele. Kuumuta ahi 450 ° F-ni. Laota kartuliviilud kergelt õliga määritud ahjuplaadile ning maitsesta soola ja pipraga. Küpseta pehmeks ja kuldpruuniks, umbes 10 minutit. Kõrvale panema. Õlita kergelt pitsapann või küpsetusplaat.
b) Kui pitsa tainas on kerkinud, tasandage tainas veidi, katke see kilega või puhta rätikuga ja asetage see 10 minutiks kõrvale.
c) Tõsta lõdvestunud tainas kergelt jahuga kaetud pinnale ja tasandage kätega, sageli keerates ja jahustades, muutes sellest 12-tollise ringi. Olge ettevaatlik, et mitte üle pingutada, vastasel juhul jääb kooriku keskosa liiga õhukeseks. Tõsta tainas ettevalmistatud pitsapannile või küpsetusplaadile.
d) Kuumutage pannil mõõdukal kuumusel 1 spl õli. Lisa sibul ja küpseta, kuni see on pehme ja karamelliseerunud, sageli segades umbes 30 minutit. Tõsta tulelt, maitsesta pune ja maitse järgi soola-pipraga ning tõsta kõrvale.
e) Määri ülejäänud 1 supilusikatäis oliiviõli ettevalmistatud pitsatainale ja aja see sõrmeotstega ühtlaselt laiali. Tõsta peale karamelliseeritud sibul, jaotades ühtlaselt umbes ½ tolli pikkuseks
f) taigna servast. Tõsta peale basiilikulehed, seejärel laota kartuli- ja tomativiilud sibula ja basiiliku peale.
g) Küpseta, kuni koor on kuldpruun, umbes 12 minutit. Lõika pitsa 8 viilu ja serveeri kuumalt.

44. Brokkoli Pitsa

KOOSTISOSAD:
- Universaalne jahu pitsakoore puhastamiseks või mittenakkuv pihusti pitsaaluse määrimiseks
- 1 omatehtud tainas
- 2 spl soolata võid
- 2 spl universaalset jahu
- 1¼ tassi tavalist kookospiima
- 6 untsi vegan juustu, hakitud
- 1 tl Dijoni sinepit
- 1 tl varrega tüümiani lehti või ½ tl kuivatatud tüümiani
- ½ tl soola
- Mitu tilka kuuma punase pipra kastet
- 3 tassi värskeid brokoliõisikuid, aurutatud või külmutatud brokoliõisikuid, sulatatud
- 2 untsi vegan juustu, peeneks riivitud

JUHISED:

a) Puista pitsakoor jahuga. Asetage tainas koore keskele ja vormige tainas sõrmeotstega süvendades ringiks.
b) Võtke tainas üles ja pöörake seda servast kinni hoides, tõmmates seda samal ajal kergelt, kuni koorik on umbes 14-tollise läbimõõduga ring. Asetage see jahune pool allapoole koorele.
c) Määri üht või teist mittenakkuva pihustiga. Laota tainas alusele või küpsetuspaberiga kaetud ahjuplaadile ja tõmmake tainasse sõrmeotstega süvendid, kuni see on lame ring. Sulata või mõõdukale kuumusele seatud potis. Vahusta jahu ühtlaseks massiks ja saadud segu muutub väga heleblondiks, umbes 1 minut.
d) Alanda kuumust keskmisele madalale ja vispelda hulka kookospiim, valades see aeglase ühtlase joana või ja jahu segusse. Jätka vahustamist tulel kuni paksenemiseni.
e) Tõsta pann tulelt ja klopi sisse riivitud veganjuustu, sinepi, tüümiani, soola ja kuuma punase pipra kaste. Jahuta 10–15 minutit, aeg-ajalt vispeldades.
f) Kui kasutate värsket tainast, libistage vormitud, kuid veel katmata koorik koorelt kuumale kivile või asetage koorik selle alusele või küpsetusplaadile kas ahjus või grillresti soojendamata osa kohale.
g) Küpsetage või grillige suletud kaanega, kuni koorik on helepruun, jälgides, et pinnale või servale tekivad õhumullid umbes 12 minutit.
h) Libistage koor tagasi kooriku alla, et see kivilt eemaldada, või asetage pitsaalus koos koorega restile.
i) Määri paks juustukaste koorikule, jättes servale ½-tollise äärise. Kõige peale tõsta brokoliõied.

45. Chard Pizza

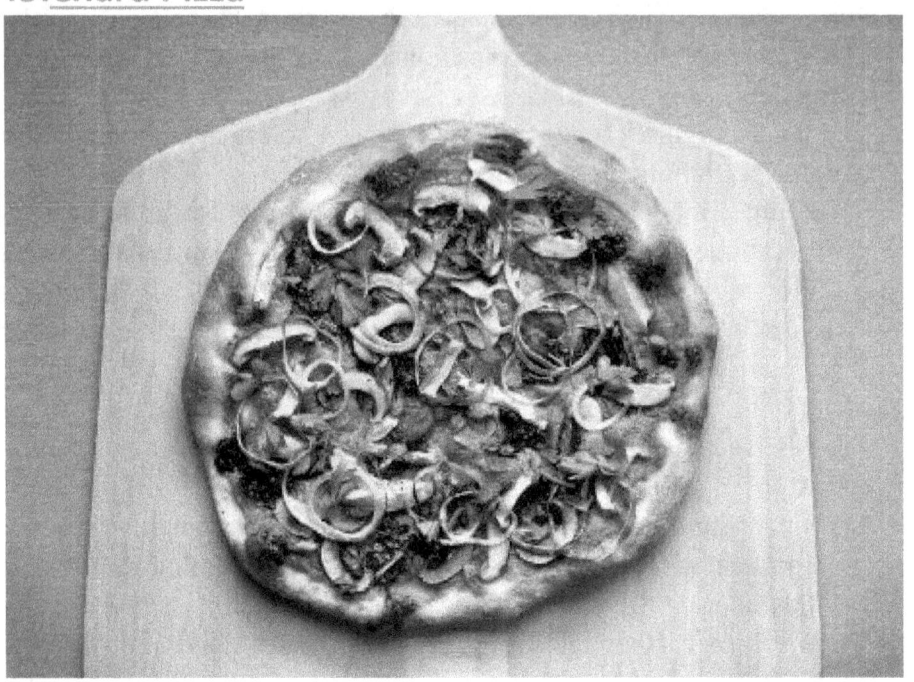

KOOSTISOSAD:
- 1 omatehtud tainas,
- 2 spl soolata võid
- 3 küüslauguküünt, hakitud
- 4 tassi tihedalt pakitud, tükeldatud, varrega Šveitsi mangoldi lehti
- 6 untsi vegan juustu, hakitud
- ½ tl riivitud muskaatpähklit
- ½ tl punase pipra helbeid, valikuline

JUHISED:
a) Puista pitsakoor jahuga ja aseta tainas selle keskele. Vormi tainast sõrmeotstega süvendades ring.
b) Värske pitsa tainas pitsakivil. Puista pitsa koor maisijahuga ja aseta tainas selle keskele. Vormi see sõrmeotstega süvendades ringiks. Võtke see üles ja vormige see kätega, hoides selle servast kinni ja keerates aeglaselt tainast, kuni selle läbimõõt on umbes 14 tolli. Asetage see jahune pool allapoole koorele.
c) Määrige kumbki mittenakkuva pihustiga. Asetage tainas alusele või küpsetusplaadile ja süvendage tainas sõrmeotstega – seejärel tõmmake ja vajutage seda, kuni see moodustab alusele 14-tollise ringi või küpsetusplaadile 12 × 7-tollise ebakorrapärase ristküliku.
d) Kui kasutate pitsakivi, asetage see pitsakoorele või asetage küpsetatud koorik otse pitsaalusele.
e) Kuumuta võid pannil mõõdukal kuumusel. Lisa küüslauk ja küpseta 1 minut.
f) Lisage rohelised ja küpseta, sageli tangide või kahe kahvliga viskides, kuni need on pehmed ja närbunud, umbes 4 minutit. Kõrvale panema.
g) Puista tainale hakitud veganjuust, jättes serva ümber ½-tollise äärise.
h) Tõsta peale pannilt võetud rohelistegu ja puista pitsa peale juustu. Riivi peale muskaatpähkel ja soovi korral puista peale punase pipra helbeid.
i) Libista pitsa koorelt kuumale kivile või aseta pirukas selle alusele või jahuplaadile kas ahju või grilli soojendamata osale. Küpsetage või grillige suletud kaanega, kuni juust on sulanud ja mullitav ning koorik on puudutamisel kõva, 16–18 minutit.
j) Libistage koor tagasi piruka alla, et see kuumalt kivilt eemaldada, seejärel asetage see kõrvale või asetage pirukas selle alusele või küpsetusplaadile restile.
k) Jahuta 5 minutit enne viilutamist.

46.Herneste ja porgandite pizza

KOOSTISOSAD:
- 1 omatehtud tainas
- 2 spl soolata võid
- 1½ supilusikatäit universaalset jahu
- ½ tassi kookospiima
- ½ tassi rasket, vahustavat või kerget koort 3 untsi
- 2 tl varrega tüümiani lehti
- ½ tl riivitud muskaatpähklit
- 1 tass värskeid kooritud herneid või külmutatud herneid, sulatatud
- 1 tass tükeldatud porgandit
- 3 küüslauguküünt, hakitud
- 1 unts vegan juustu, peeneks riivitud

JUHISED:
a) Puista pitsakoor jahuga üle, asetage tainas selle keskele ja suruge tainas sõrmeotstega lapikuks ringiks. Tõstke see üles ja vormige see, hoides selle servast kinni, keerates seda aeglaselt ja venitades õrnalt tainast, kuni ringi läbimõõt on umbes 14 tolli.
b) Tõsta tainas koorele, jahune pool allpool.
c) Määri kumbki mittenakkuva pihustiga ja aseta tainas kummagi keskele. Suruge tainasse sõrmeotstega lohk, kuni see on lame, muljutud ring – seejärel tõmmake ja suruge seda, kuni see moodustab alusele 14-tollise ringi või küpsetusplaadile 12 × 7-tollise ebakorrapärase ristküliku.
d) Kui kasutate pitsakivi, asetage see jahusele pitsakoorele või asetage küpsetatud koorik otse pitsaalusele.
e) Sulata või pannil mõõdukal kuumusel. Klopi juurde jahu ja jätka vahustamist ühtlaseks ja väga helebeežiks.
f) Vahusta aeglase ühtlase joana juurde kookospiim, seejärel vahusta sisse koor.
g) Sega ühtlaseks massiks riivitud juust, tüümian ja muskaatpähkel. Jahuta toatemperatuuril 10 minutit.
h) Vahepeal libistage katmata koorik koorelt kuumutatud kivile või asetage koorik selle alusele kas ahju või grillresti soojendamata osa kohale.

i) Küpsetage või grillige suletud kaanega, kuni koorik hakkab oma servadest tugevalt tundma ja hakkab umbes 10 minutit pruunistuma.
j) Lükake koor tagasi osaliselt küpsenud kooriku alla ja eemaldage see ahjust või grillist või teisaldage koorik alusele või küpsetusplaadile restile.
k) Määri paksendatud kookospiimapõhine kaste koorikule, jättes servale ½-tollise äärise.
l) Lisa kastmele herned ja porgandid, seejärel puista küüslauk ühtlaselt pirukale. Lõpuks puista katetele riivitud veganjuust.

47. Kartuli, sibula ja chutney pitsa

KOOSTISOSAD:
- 1 omatehtud tainas
- 12 untsi valget keedukartulit, kooritud
- 6 spl mango chutney
- chutney
- 6 untsi vegan juustu, riivitud
- 3 spl hakitud tillilehti või 1 sl kuivatatud tilli
- 1 magus sibul

JUHISED:
a) Puista pitsakoor kergelt jahuga. Lisa tainas ja vormi see näpuotstega süvendades ringiks. Tõstke see üles, hoidke selle servast kinni ja pöörake seda aeglaselt, venitades seda kogu aeg, kuni selle läbimõõt on umbes 14 tolli. Tõsta tainas koorele, jahune pool allpool.
b) Määri plaat või küpsetusplaat mittenakkuva pihustiga. Asetage tainas sõrmeotstega kas süvendi keskele, kuni see on paks, lapik ring – seejärel tõmmake ja suruge tainast, kuni see moodustab alusele 14-tollise ringi või ebakorrapärase 12 × 7-tollise ristküliku. küpsetusplaat.
c) Kui kasutate pitsakivi, asetage see pitsakoorele või asetage küpsetatud koorik pitsaalusele. Kui ahi või grill kuumeneb, lase umbes 1-tolline vesi köögiviljaaurutiga varustatud kastrulis keema. Lisa kartulid, kata kaanega, alanda kuumust keskmisele ja auruta kahvliga läbitorkamisel pehmeks, umbes 10 minutit. Tõsta kraanikaussi asetatud kurn ja jahuta 5 minutit, seejärel viiluta väga õhukesteks ringideks.
d) Jaotage chutney ühtlaselt ettevalmistatud koorikule, jättes servale umbes ½-tollise äärise. Pealt ühtlaselt riivitud vegan juustuga. Laota kartuliviilud ühtlaselt ja dekoratiivselt piruka peale, seejärel puista need üle tilliga. Lõika sibul läbi varre pooleks. Asetage see lõikelauale lõikepool allapoole ja kasutage paberõhukeste viilude tegemiseks väga teravat nuga. Eraldage need viilud ribadeks ja asetage need pirukale.
e) Libistage pirukas koorelt väga kuumale kivile, jälgides, et katted jääksid paigale, või asetage pirukas selle alusele või küpsetusplaadile kas ahju või grillresti sellele osale, mis ei asu otse soojusallika kohal. . Küpsetage või grillige suletud kaanega, kuni koorik on servast kergelt pruunistunud, alumine pool veelgi tumedam, 16–18 minutit. Kui värske taigna serva või keskele tekivad õhumullid, raputage need kahvliga ühtlase kooriku saamiseks.
f) Libista koor tagasi kuuma piruka alla kivile või tõsta pirukas selle alusele või ahjuplaadile restile. Enne viilutamist ja serveerimist tõsta 5 minutiks külma.

48. Röstitud juurtega pitsa

KOOSTISOSAD:
- Universaalne jahu pitsakoore puhastamiseks või oliivõli pitsaaluse määrimiseks
- 1 omatehtud tainas
- ½ küüslaugu pea
- ½ maguskartulit, kooritud, pikuti poolitatud ja õhukesteks viiludeks
- ½ apteegitilli sibulat, poolitatud, kärbitud ja õhukesteks viiludeks
- ½ pastinaaki, kooritud, pikuti poolitatud ja õhukesteks viiludeks
- 1 spl oliiviõli
- ½ tl soola
- 4 untsi vegan juustu, hakitud
- 1 unts vegan juustu, peeneks riivitud
- 1 spl siirupist palsamiäädikat

JUHISED:
a) Puista pitsakoor kergelt jahuga. Lisa tainas ja vormi see näpuotstega süvendades ringiks. Tõstke see üles, hoidke seda mõlema käega servast ja pöörake seda aeglaselt, venitades iga kord veidi serva, kuni ringi läbimõõt on umbes 14 tolli. Tõsta koorele jahune pool allpool.
b) Määri plaat või küpsetusplaat paberrätikule määritud oliiviõliga. Asetage tainas sõrmeotstega kas taigna süvendi keskele – seejärel tõmmake ja vajutage seda, kuni see moodustab alusele 14-tollise ringi või küpsetusplaadile ebakorrapärase ristküliku, mille suurus on umbes 12 × 7 tolli.
c) Kui kasutate pitsakivi, asetage see jahusele pitsakoorele või asetage küpsetatud koorik otse pitsaalusele.
d) Mähi koorimata küüslauguküüned alumiiniumfooliumpakendisse ja küpseta või grilli otse tulel 40 minutit.
e) Vahepeal viska bataat, apteegitill ja pastinaak kaussi koos oliiviõli ja soolaga. Kalla kausi sisu ahjuplaadile. Asetage ahju või grilli kuumutamata osale ja röstige aeg-ajalt keerates pehmeks ja magusaks 15–20 minutit.
f) Tõsta küüslauk lõikelauale ja ava pakend, jälgides auru. Samuti tõsta küpsetusplaat koos köögiviljadega restile kõrvale.
g) Tõstke ahju või gaasigrilli temperatuur 450 °F-ni või lisage söegrillile veel mõned söed, et kuumust veidi tõsta.
h) Määri hakitud veganjuust ettevalmistatud koorikule, jättes servale ½-tollise äärise. Pange juust peale kõik köögiviljad, pigistades paberistest

kestadest välja mahlakas ja pehme küüslauk pirukale. Kõige peale riivi vegan juust.

i) Libista pitsa koorelt kuumale kivile või aseta pitsa alusele või küpsetusplaadile kas ahju või grilli kuumutamata osa kohale.

j) Küpsetage või grillige suletud kaanega, kuni koorik on muutunud kuldpruuniks ja selle põhjast isegi veidi tumenenud, kuni juust on sulanud ja hakanud pruunistuma, 16 kuni minutit.

k) Lükake koor tagasi kooriku alla, et see kuumalt kivilt eemaldada, või tõstke pitsa alusele või küpsetusplaadile restile. Tõsta 5 minutiks kõrvale.

l) Kui pirukas on veidi jahtunud, nirista peale palsamiäädikat, seejärel viiluta see serveerimiseks viiludeks.

49.Rukola salati pizza

KOOSTISOSAD:
- Üks täistera pitsa tainas
- Maisijahu
- ⅓ tassi marinara kastet
- 1½ tl kuivatatud pune
- 1 tass hakitud vegan juustu
- 2 tassi segatud värsket rukolat ja beebispinatit
- 1½ tassi poolitatud värskeid kollaseid kirsstomateid
- ½ punast paprikat, tükeldatud
- 1 küps avokaado, viilutatud ¼ tassi röstitud pistaatsiapähklid
- 1 spl palsamiäädikat

JUHISED:
a) Kuumuta ahi temperatuurini 350 °F.
b) Rulli pitsa tainas lahti, et see sobiks 14-tollise pitsapanni või pitsakiviga.
c) Puista pannile või kivile maisijahu ja aseta peale tainas.
d) Määri marinara kaste taignale ning puista peale pune ja vegan juust.
e) Asetage pann või kivi ahju ja küpsetage 30–35 minutit, kuni koorik on katsudes kuldne ja kõva.
f) Viimasel minutil enne serveerimist eemaldage ahjust koorik ning pange peale rukola ja beebispinat, tomatid, paprika, avokaado ja pistaatsiapähklid.
g) Rohelised närbuvad kiiresti. Nirista üle äädika ja oliiviõliga. Serveeri kohe.

50.Karamelliseeritud sibula pitsa

KOOSTISOSAD:
- ¼ tassi oliiviõli sibulate praadimiseks
- 6 tassi õhukeselt viilutatud sibulat
- 6 küüslauguküünt
- 3 spl värsket tüümiani
- 1 loorberileht
- sool ja pipar
- 2 spl õli pitsa peale tilgutamiseks
- 1 spl nõrutatud kapparid
- 1½ supilusikatäit piinia pähkleid

JUHISED:
a) Kuumuta ¼ tassi oliiviõli ja lisa sibul, küüslauk, tüümian ja loorberileht.
b) Küpseta aeg-ajalt segades, kuni suurem osa niiskusest on aurustunud ja sibula segu on väga pehme, peaaegu ühtlane ja karamelliseerunud umbes 45 minutit.
c) Viska loorberileht ära ning maitsesta soola ja pipraga.
d) Kata tainas sibulaseguga, puista peale kappareid ja piiniaseemneid ning nirista peale ülejäänud oliiviõli, kui kasutad.
e) Küpseta eelkuumutatud 500-kraadises ahjus 10 minutit või kuni kuldpruunini. Küpsetusaeg varieerub olenevalt sellest, kas küpsetate kivil, sõelal või pannil.

51. Griddle S pinatipitsa

KOOSTISOSAD:
- ¼ tassi marinara kastet
- ¼ tassi hakitud värsket spinatit
- ¼ tassi hakitud vegan juustu
- ¼ tassi neljaks lõigatud kirsstomateid
- ⅛ teelusikatäis pune

JUHISED:
a) Vahusta jahu, vesi, õli ja sool ühtlaseks massiks.
b) Valage tainas kuumale küpsetusspreiga kaetud ahjuplaadile.
c) Kuumuta mõlemat poolt 4-5 minutit, kuni koorik hakkab pruunistuma.
d) Pöörake koor veel kord ümber ja lisage marinara kaste, spinat, juust, tomat ja pune.
e) Kuumuta 3 minutit või kuni juust sulab.

52.Rugula ja sidrunipizza

KOOSTISOSAD:
- 1 pizza tainas
- 2 tassi tomatipüreed
- 1 küüslauguküüs, purustatud
- 1 tl kuivatatud pune
- 1 tl tomatipastat
- ½ tl soola
- Jahvatatud must pipar
- ¼ tl punase pipra helbeid
- 2 tassi hakitud vegan juustu
- ½ tassi riivitud vegan juustu
- Valikuline, kuid kena
- ½ hunnikut rukolat, puhastatud ja kuivatatud
- ½ sidruni
- Tilk oliiviõli

JUHISED:
a) Vala tomatipüree pannile ja kuumuta mõõdukal kuumusel. Lisa küüslauk, pune ja tomatipasta. Sega, et pasta oleks püreesse imbunud.
b) Kuumuta keemiseni, seejärel alanda kuumust ja sega, et kaste ei kleepuks. Kaste saab valmis 15 minutiga või võib podiseda kauem, kuni pool tundi. See väheneb umbes ühe neljandiku võrra, mis annab teile vähemalt ¾ tassi püreed pizza kohta.
c) Maitsesta soola ja maitsesta vastavalt ning lisa musta pipart ja/või punase pipra helbed. Eemalda küüslauguküüs.
d) Valage kaste taignaringi keskele ja ajage kummilabidaga laiali, kuni pind on täielikult kaetud.
e) Aseta vegan juust kastme peale. Pidage meeles, et juust läheb ahjus sulades laiali, nii et ärge muretsege, kui tundub, et teie pitsa pole juustuga piisavalt kaetud.
f) Asetage eelsoojendatud 500 °F ahju ja küpsetage vastavalt pitsataigna juhistele.
g) Kui pitsa on valmis, kaunista see veganjuustu ja rukolaga.
h) Pigista sidruniga kõik roheliste peale ja/või nirista soovi korral üle oliiviõliga.

53. Garden Fresh Pizza

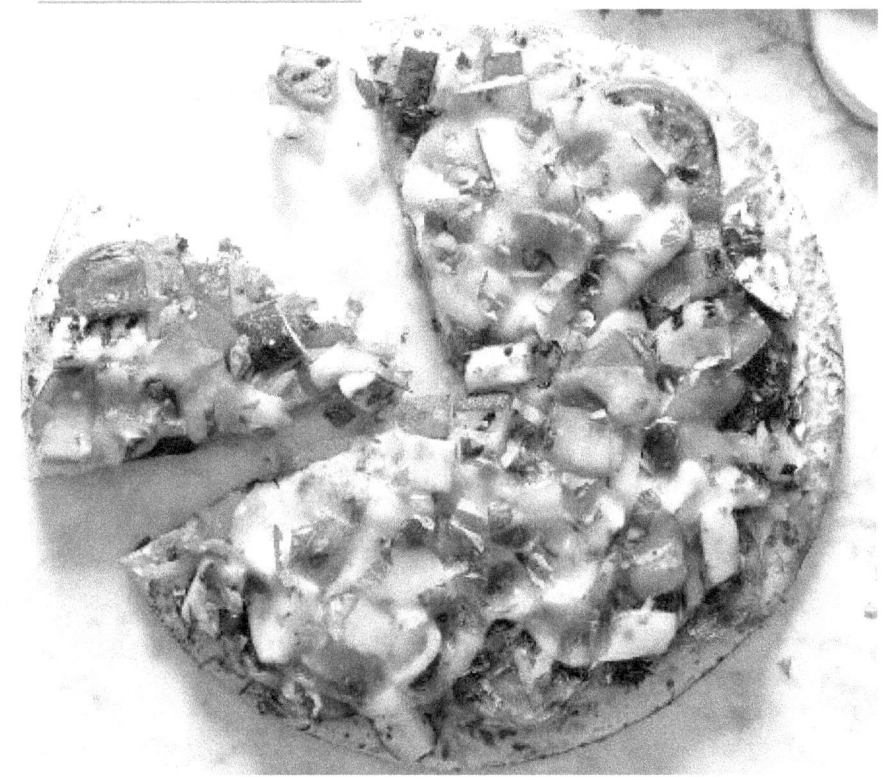

KOOSTISOSAD:
- Kaks jahutatud poolkuu rulli
- Kaks pakki India pähkli toorjuustu, pehmendatud
- ⅓ tassi majoneesi
- 1,4 untsi pakk kuiva köögiviljasupisegu
- 1 tass redis, viilutatud
- ⅓ tassi hakitud rohelist paprikat
- ⅓ tassi hakitud punast paprikat
- ⅓ tassi hakitud kollast paprikat
- 1 tass brokkoli õisikuid
- 1 tass lillkapsa õisikuid
- ½ tassi hakitud porgandit
- ½ tassi tükeldatud sellerit

JUHISED:
a) Enne millegi muu tegemist seadke ahi 400 kraadi F-ni.
b) Laota 11x14-tollise tarretisrulli panni põhja poolkuu rullitainas.
c) Suruge sõrmedega kõik õmblused kokku, et tekiks koorik.
d) Küpseta kõike ahjus umbes 10 minutit.
e) Eemaldage kõik ahjust ja hoidke kõrvale, et see täielikult jahtuda.
f) Sega kausis majonees, india pähkli toorjuust ja köögiviljasupisegu.
g) Aseta majoneesisegu ühtlaselt koorikule ja laota kõige peale ühtlaselt köögiviljad ning suru need õrnalt majoneesisegusse.
h) Kata pitsa kilega ja hoia üleöö külmkapis.

54.Roma Fontina pizza

KOOSTISOSAD:
- ¼ tassi oliiviõli
- 1 supilusikatäit hakitud küüslauku
- ½ tl meresoola
- 8 roma tomatit, viilutatud
- Kaks 12-tollist eelküpsetatud pitsakoort
- 12 untsi hakitud vegan juustu
- 10 värsket basiilikulehte, hakitud

JUHISED:
a) Enne millegi muu tegemist seadke ahi 400 kraadi F-ni.
b) Sega kausis tomatid, küüslauk, õli ja sool ning jäta umbes 15 minutiks kõrvale.
c) Kata iga pitsakoor mõne tomatimarinaadiga.
d) Kõige peale lisa vegan juust, seejärel tomatid ja basiilik.

55.Spinati artišoki pitsa

KOOSTISOSAD:
- 1 purk valgeid ube
- ¼ tassi vett
- 2 supilusikatäit toitainepärmi
- ½ tassi india pähkleid
- 1 spl värsket sidrunimahla
- 1 sibul, hakitud
- 5 tassi värsket spinatit
- 2 küüslauguküünt, hakitud
- 1 purk artišokisüdameid, nõrutatud
- soola
- must pipar
- punase pipra helbed
- 2 eelnevalt valmistatud pitsatainast
- ½ tassi vegan mozzarella juustu

JUHISED:
a) Kuumuta ahi temperatuurini 350 °F.
b) Loputage ja nõrutage konserveeritud valged oad ning pange need koos india pähklite, sidrunimahla, vee ja toitepärmiga blenderisse. Kui soovite oma blenderi tööd veidi lihtsamaks muuta, võite neid enne kasutamist 4–6 tundi vees leotada. Kõrvale panema.
c) Kuumuta suurel pannil veidi õli ja prae sibulat umbes 3 minutit, kuni see muutub läbipaistvaks. 2 minuti pärast lisage küüslauk. Seejärel lisage 2 tassi spinatit ja keetke veel 3 minutit. Sega juurde segatud valge oa ja india pähkli segu. Maitsesta soola, pipra ja punase pipra helvestega.
d) Määri ühtlaselt pitsatainale. Lõika artišokisüdamed neljandikku ja pane koos ülejäänud spinatiga pitsale. Puista peale vegan juustu.
e) Küpseta pitsat 8 minutit või tutvu pakendil olevate juhistega.

56.Vegan Caprese pizza

KOOSTISOSAD:
- 1 nael multigrain pitsa tainas
- ⅔ tassi filtreeritud vett
- ½ tassi tooreid india pähkleid
- 1 spl toitainepärmi
- 1 spl noolejuure pulbrit
- 1 spl õunasiidri äädikat
- ½ tl meresoola, lisaks veel maitsestamiseks
- 2 spl oliiviõli
- 2 kuni 3 küüslauguküünt, hakitud
- 2 kuni 3 küpset roma tomatit, õhukeselt viilutatud
- Balsamic Reduction
- Peotäis värskeid basiilikulehti, väga õhukesteks viiludeks
- Purustatud punase pipra helbed

JUHISED:
a) Kuumuta ahi 400 F-ni. Vooderda ümmargune õhuga pitsapann küpsetuspaberiga.
b) Puista puhas tööpind kergelt jahuga üle ja rulli pitsa tainas 15-tolliseks ringiks. Tõsta vooderdatud pitsapannile ja küpseta 7 minutit või kuni põhi hakkab tahenema.
c) Pitsa küpsetamise ajal valmistage india pähkli mozzarella, lisades kiiresse blenderisse filtreeritud vesi, india pähklid, toitev pärm, arrowroot pulber, õunasiidri äädikas ja meresool. Blenderda kõrgel temperatuuril 2 minutit või kuni see on täiesti ühtlane. Vala segu kastrulisse. Lülitage kuumus keskmisele tasemele ja vahustage pidevalt 3–5 minutit või kuni see hakkab lihtsalt paksenema. Ärge kuumutage üle. Tõsta kõrvale veidi jahtuma.
d) Pintselda parajasti küpsetatud pitsataina ülaosa oliiviõliga ja puista üle küüslauguga. Kasutage supilusikatäit, et tilgutada lusikatäis india pähkli mozzarellat pitsa pinnale. Kõige peale tõsta viilutatud tomatid.
e) Pange pitsa tagasi ahju ja küpsetage veel 8–14 minutit või kuni soovitud küpsus on saavutatud.
f) Eemaldage ahjust ja laske veidi jahtuda.
g) Nirista ohtralt Balsamic Reductioniga ja puista peale värsket basiilikut. Soovi korral maitsesta meresoola ja purustatud punase pipra helvestega.
h) Serveeri kohe.

57.Grillpitsa krõbeda lillkapsaga

KOOSTISOSAD:
- 1 omatehtud tainas

BBQ-LILLKAPPALE:
- ½ pea lillkapsast
- 1 tass BBQ-kastet
- 1 tl suitsupaprika pulbrit
- 1 tl küüslaugupulbrit
- ½ tl vedelat suitsu

VEGAN küüslaugukastme jaoks:
- 1 tass magustamata kookosjogurtit
- 2 küüslauguküünt, hakitud
- sool, maitse järgi
- must pipar, maitse järgi

JUHISED:
a) Kõigepealt valmista tainas. Sega kausis kuivained ja sega korralikult läbi. Lisa aeglaselt oliiviõli ja soe vesi. Sõtku tainast kätega. Vajadusel lisa veel vett. Vormi pall ja pane see kaussi, mille katad riide või köögirätikuga. Parim asi selle taigna juures on see, et see ei pea liiga kaua kerkima. 45 minutist piisab. Võib-olla pääseks isegi 30 minutiga, kui lased tainal soojas kohas kerkida.
b) Vahepeal valmista BBQ lillkapsas. Lõika lillkapsas ampsusuurusteks õisikuteks. Kombineeri BBQ-kaste vürtsidega. Kasutage pool kastmest õisikute kastmiseks, et need oleksid täielikult kaetud. Asetage need küpsetuspaberiga kaetud ahjuplaadile ja küpsetage 10 minutit temperatuuril 350 °F.
c) Valmistage oma tainas. Tõsta tainas kergelt jahuga ülepuistatud tööpinnale ja sõtku õrnalt, et moodustada kaks pitsat.
d) Määri küpsetatud BBQ-lillkapsas ülejäänud kastmega ja aseta pitsale. Küpseta 12-15 minutit või kuni see on kergelt pruun ja krõbe. Puista peale hakitud petersell ja roheline sibul.
e) Ja ärge unustage vegan küüslaugukastet! Lihtsalt ühendage koostisosad väikeses kausis ja valage pitsa peale.

58.Grillitud köögiviljapizza

KOOSTISOSAD:
- 2 Pärmivaba pitsakoor
- 2 ½ tassi universaalset jahu
- 1 spl küpsetuspulbrit
- ½ tl soola
- 1 tl oliiviõli
- ⅔ tassi leiget vett
- ½ tassi pitsakastet

TÄIDISED
- 1 tl oliiviõli + veel kooriku pintseldamiseks
- ½ suvikõrvitsat, viilutatud
- 1 punane paprika, lõigatud tükkideks
- 5 tassi seeni, viilutatud
- 1 punane sibul, viilutatud
- ¾ tassi vegan juustutükke võid kasutada ka omatehtud juustukastet
- 1 näputäis soola

JUHISED:
a) Pitsataigna jaoks: ühendage suures kausis universaalne jahu, küpsetuspulber ja sool.
b) Lisa oliiviõli ja vesi ning sõtku, kuni moodustub ühtlane tainas.
c) Pitsakastme jaoks: Sega kokku tomatipüree, sool, kuivatatud pune ja kuivatatud basiilik.
d) Kuumuta suurel pannil oliiviõli ja lisa suvikõrvits, punane paprika, seened ja punane sibul.
e) Maitsesta näpuotsatäie soolaga ja lase keskmisel kuni kõrgel kuumusel küpseda, kuni köögiviljad on pehmed.
f) Kuumuta ahi temperatuurini 480°F/250°C.
g) Jaga pitsa tainas kaheks võrdseks osaks ja rulli need kergelt jahusel küpsetuspaberil lahti.
h) Määri peale tomatikaste. Kata vegan juustutükkide ja köögiviljadega.
i) Pintselda koor oliiviõliga.
j) Küpseta pitsasid ahjus umbes 15 minutit, kuni need on krõbedad. Nautige!

59. Artichoke & Oliivi pizza

KOOSTISOSAD:
- 12-tolline eelküpsetatud pitsakoor
- ½ tassi pestot
- 1 küps tomat, tükeldatud
- ½ tassi rohelist paprikat, tükeldatud
- 2 untsi purk tükeldatud musti oliive, nõrutatud
- ½ punast sibulat, hakitud
- 4-untsine purk artišokisüdameid, nõrutatud ja viilutatud
- 1 tass purustatud vegan juustu

JUHISED:
a) Enne millegi muu tegemist seadke ahi 450 kraadi F-le.
b) Tõsta tainas pitsapannile.
c) Asetage õhuke kiht pestot ühtlaselt koorikule ja lisage köögiviljad ja vegan juust.
d) Puista pitsa juustuga ja küpseta kõike ahjus umbes 8-10 minutit.

60.Vegan suvikõrvitsa Pepperoni pizza

KOOSTISOSAD:
- 1 põhitainas
- 2 spl tomatipastat
- 2 suvikõrvitsat
- kuum kaste
- 2 supilusikatäit tamari
- 2 spl palsamiäädikat
- vegan juust

JUHISED:

Kabatšokk "PEPPERONI":
a) Pese ja viiluta suvikõrvits õhukesteks viiludeks.
b) Sega ahjuvormis kuum kaste tamari ja palsamiäädikaga.
c) Lisa suvikõrvits ja sega nii, et need oleksid hästi kaetud.
d) Kata ja marineeri üleöö külmikus.

PIZZA:
e) Kuumuta ahi temperatuurini 390 ° F.
f) Määri tomatipasta kooriku peale. Lisa marineeritud vürtsikad suvikõrvitsaviilud.
g) Kõige peale lisa vegan juust.
h) Küpseta ahjus 12-15 minutit.

61. Punase läätse pitsa koorik

KOOSTISOSAD:

- ¾ tassi kuumtöötlemata kuivi LÕHNITUD punaseid läätsi
- ¾ tassi vett
- 1,5 tl küüslaugupulbrit
- ½ tl kuivatatud basiilikut
- ½ tl kuivatatud oreganot
- ¾ tl meresoola
- Vegan lisandid

JUHISED:

a) Vooderdage 12-tolline ümmargune pitsaplaat küpsetuspaberiga ja eelsoojendage ahi konvektsioonküpsetustemperatuurini 450 kraadi F.
b) Lisa kõik koostisosad kiirblenderisse ja töötle kõrgel kuumusel umbes 30–60 sekundit või kuni see on täielikult püreestatud.
c) Vala segu ettevalmistatud pitsaalusele ja aja silikoonlabida abil võimalikult õhukeseks ja ühtlaseks laiali.
d) Küpseta 12 minutit. Seejärel keerake tainas ettevaatlikult ümber, kasutades pärgamenti. Seejärel koorige küpsetuspaber maha ja pange koorik veel 5 minutiks tagasi ahju, kuni see on kuldne.
e) Kata pitsat vastavalt soovile ja küpseta 3–5 minutit, et täidised kuumeneda. Seejärel võta ahjust välja ja lase 1-2 minutit puhata enne viilutamist.

62.Vürtsikas Pinto Bean Pizza

KOOSTISOSAD:
- 1 pitsa tainas
- 1 spl oliiviõli
- 1 tl tšillipulbrit
- 1½ tassi keedetud pintoube, nõrutatud
- 1 tass tomatisalsat
- 2 spl kuuma või mahedat konserveeritud hakitud rohelist tšillit
- 2 spl viilutatud kivideta Kalamata oliive
- 2 supilusikatäit hakitud värsket koriandrit

JUHISED:
a) Tasandage kerkinud tainas veidi, katke see kile või puhta rätikuga ja asetage 10 minutiks kõrvale.
b) Asetage ahjurest ahju madalaimale tasemele. Kuumuta ahi 450 ° F-ni. Õlita kergelt pitsapann või küpsetusplaat. Tõsta lõdvestunud tainas kergelt jahuga kaetud pinnale ja tasandage kätega, sageli keerates ja jahustades, muutes sellest 12-tollise ringi. Olge ettevaatlik, et mitte üle pingutada, vastasel juhul jääb kooriku keskosa liiga õhukeseks. Tõsta tainas ettevalmistatud pitsapannile või küpsetusplaadile.
c) Kuumuta pannil õli mõõdukal kuumusel. Segage tšillipulber, seejärel lisage oad, segades ube ja soojendage umbes 5 minutit.
d) Eemaldage tulelt ja püreestage oad hästi, lisades vajadusel salsat, et oad niisutada.
e) Jaotage oasegu ühtlaselt ettevalmistatud pitsatainale umbes ½ tolli kaugusel taigna servast. Määri salsa ühtlaselt oasegule ning puista peale tšilli ja oliivid.
f) Küpseta, kuni koor on kuldpruun, umbes 12 minutit. Pärast pitsa ahjust väljavõtmist puista peale koriandrit, lõika 8 viiluks ja serveeri kuumalt.

63.Bean Nacho pizza

KOOSTISOSAD:
- 1 omatehtud tainas
- 1¼ tassi konserveeritud praetud ube
- 6 untsi vegan juustu, hakitud
- 3 ploomtomatit, tükeldatud
- ½ tl jahvatatud köömneid
- 1 tl hakitud pune lehti
- ½ tl soola
- ½ tl värskelt jahvatatud musta pipart
- 1/3 tassi salsat
- Purgis marineeritud jalapeño viilud, maitse järgi

JUHISED:
a) Puista pitsakoor maisijahuga, asetage tainas selle keskele ja vormige tainast sõrmeotstega süvendidega ring.
b) Võtke see üles ja vormige seda kätega servast, keerates aeglaselt tainast, kuni selle läbimõõt on umbes 14 tolli. Asetage see maisijahu pool allapoole koorele.
c) Määri plaat või küpsetusplaat mittenakkuva pihustiga. Asetage tainas keskele ja süvendage tainast sõrmeotstega, kuni see on suur lame ring – seejärel tõmmake ja suruge seda, kuni see moodustab alusele 14-tollise ringi või ebakorrapärase ristküliku, umbes 12 × 7 tolli. küpsetusplaat.
d) Kui kasutate pitsakivi, asetage see pitsakoorele või asetage küpsetatud koorik otse pitsaalusele. Kasutage kummist spaatlit, et ajada küpsenud oad üle kooriku, kattes selle ühtlaselt, kuid jättes servale ½-tollise äärise. Lisa oad riivitud veganjuustuga.
e) Sega kausis tükeldatud tomatid, köömned, pune, sool ja pipar ning jaota seejärel ühtlaselt juustule. Tõsta salsat lusika kaupa koorikule. Libista pitsa koorelt kuumutatud kivile või aseta pirukas selle alusele või ahjuplaadile ahju või grillrestile kaudse kuumuse peale. Küpseta või grilli suletud kaanega, kuni juust mullitab ja oad on kuumad,
f) Libistage koor tagasi kooriku alla ja asetage kõrvale või tõstke pirukas alusele või küpsetusplaadile restile. Jahuta 5 minutit.
g) Enne viilutamist ja serveerimist tõsta piruka jalapeño viilud peale.

64.Mango pitsa mustade ubadega

KOOSTISOSAD:
- 1 ettevalmistatud pitsakoor
- ¾ tassi keskmist või kuuma salsat
- ¾ tassi hakitud Mehhiko vegan juustu
- ½ tassi õhukeselt viilutatud suvikõrvitsat
- ½ tassi viilutatud mangot
- ¼ tassi keedetud või konserveeritud musti ube, mis on loputatud
- 1 viilutatud roheline sibul
- ¼ tassi koriandri lehti

JUHISED:
a) Kuumuta ahi pitsapõhjapakendil märgitud temperatuurini.
b) Asetage koorik küpsetusplaadile ja määrige sellele salsat, jättes igale poole 1-tollise serva.
c) Kõige peale lisa juust, suvikõrvits, mango ja oad.
d) I juhendi
  järgi .
e) Enne serveerimist pange peale roheline sibul ja koriander.

65.Grill Corn Jalapeno maguskartuli pizza

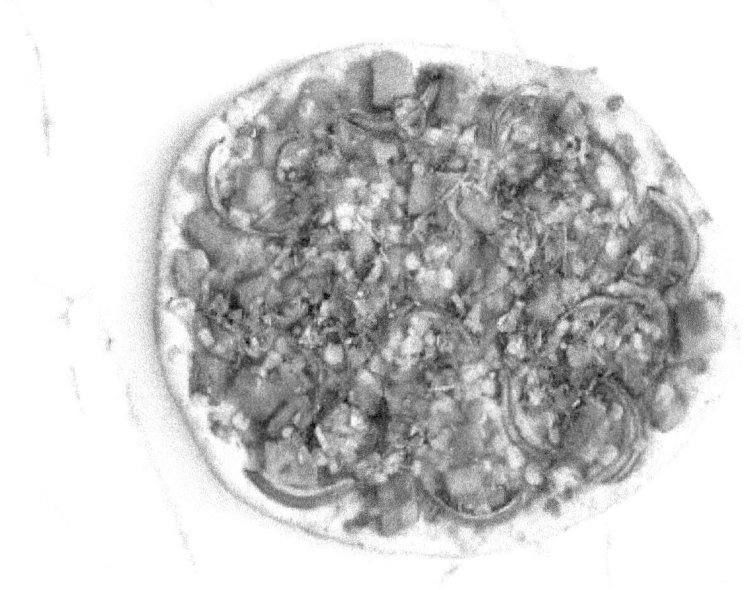

KOOSTISOSAD:
- 1 pizza koorik
- 1 väike maguskartul kuubikutena
- ⅓ tassi maisiterad, sulatatakse, kui need on külmunud
- ½ sibulat, paksuks viilutatud
- paprika või muud köögiviljad
- 1 viilutatud jalapeno
- ⅓ tassi sojavaba BBQ-kastet
- 3 tl BBQ maitseainet

JUHISED:
a) Keeda bataat ja mais kastrulis keskmisel kuumusel. Lisa vett nii, et köögiviljad oleksid kaetud. Keeda 5 minutit pärast keetmist. Nõruta ja jahuta minut, seejärel tõsta kaussi.
b) Raputa peale sibulat, paprikat/köögivilju, 2 spl BBQ-kastet ja näpuotsatäis musta pipart.
c) Vormi pitsatainast üks suur õhukese koorega pitsa.
d) Pintselda pitsatainale oliiviõliga. Määri pitsale bataadisegu. Lisa jalapeno. Puista BBQ-maitseainet rikkalikult kõikidele köögiviljadele. Nirista osa või kogu BBQ-kaste.
e) Küpseta 425 kraadi juures 16 kuni 18 minutit. Jahuta minutiks. Soovi korral kaunista koriandri, rohkema BBQ-maitseaine ja BBQ-kastmega. Viiluta ja serveeri.

66.Kreemjas maisi pizza

KOOSTISOSAD:
- ½ partii omatehtud pitsatainast
- ½ väikest sibulat, hakitud
- 8–10 viinamarja- või kirsstomatit, poolitatud
- ½ tassi vegan chorizo murenemist
- 6 või 7 värsket basiilikulehte
- must pipar
- punase pipra helbed, valikuline

KREEMISEKS MAISIKASTMEKS
- 1 ¾ tassi maisiterad, jagatud, sulatatud
- ½ tassi täisrasvast konserveeritud kookospiima
- 1 küüslauguküünt
- 2 supilusikatäit veganvõid, pehmendatud, valikuline
- 2 supilusikatäit tapiokitärklist
- 1 supilusikatäis toitainepärmi
- 1 tl orgaanilist roosuhkrut
- ¾ tl peent meresoola

JUHISED:

a) Parima kooriku saamiseks soovitan kasutada pitsakivi. Muidu sobib tavaline pitsapann või küpsetusplaat; küpsetusaega võib pikendada. Kui kasutate kivi, asetage see ahju ja soojendage temperatuurini 500 kraadi F.

b) Enne koorega maisikastme valmistamist veendu, et kõik koostisosad oleksid toatemperatuuril. Sega köögikombaini kausis 1 tass maisi ja ülejäänud kastme koostisosad. Töötle kuni ühendamiseni. Lisage ¼ tassi maisi ja pulseerige mitu korda, et tekstuuri jääks. Maitse ja soovi korral lisa veel näpuotsaga soola või suhkrut. Kõrvale panema.

c) Venitage tainas kergelt jahusel pinnal 12-tollise läbimõõduga. Kui kasutate pitsakoort, valmistage ette nagu tavaliselt. Vastasel juhul võta kuum kivi ahjust välja. Tõsta tainas ettevaatlikult kivile.

d) Määri tainale umbes pool koorega maisikastmest. Lisa sibul, tomatid, chorizo ja ülejäänud ½ tassi maisi. Kui kasutate poest ostetud pitsapõhja, küpsetage vastavalt pakendi juhistele. Kui kasutate omatehtud tainast, küpsetage 15–17 minutit või kuni see on krõbe ja kuldne.

e) Lase pitsal paar minutit jahtuda. Lisa must pipar, purustatud punase pipra helbed, kui kasutad, ja värsket basiilikut. Viiluta ja serveeri.

BURRITOS

67. Aprikoosi Burritod

KOOSTISOSAD:
- 8 untsi kuivatatud aprikoosid – tükkideks lõigatud
- 1 c vett
- ¼ c granuleeritud suhkrut
- ¼ c pruuni suhkrut – pakitud
- ¼ tl kaneeli
- ¼ tl muskaatpähklit
- 20 6-tollist tortillat

JUHISED:
a) Kuumuta esimesed 6 koostisosa keemiseni. Hauta kaaneta 10 minutit või kuni puuviljad on pehmed ja segu paksenenud.
b) Aseta 1 spl segu ühele tortilla servale. Üles kerima.
c) Prae kuumas õlis üks kord keerates kuldpruuniks. Äravool.
d) Serveeri kuumalt või külmalt.

68.Baby Bean Burritod

KOOSTISOSAD:
- 12 (6-tollist) jahutortillat
- 1 keskmine sibul; hakitud
- 1 spl Taimeõli
- 2 küüslauguküünt; hakitud
- 1 värske jalapeno paprika
- 1 purk Mehhiko praetud ube
- 1 tass vegan Monterey Jacki juustu
- ½ teelusikatäit Jahvatatud köömned
- Hapukoor ja salsa

JUHISED:
a) Kuumuta ahi 325 kraadini. Virna tortillad ja lõika pooleks. Mähi tortillavirn fooliumisse ja kuumuta 10–15 minutit, kuni see on läbi soojenenud.
b) Samal ajal küpseta sibulat suurel pannil õlis keskmisel kõrgel kuumusel 2–3 minutit, kuni see on pehmenenud, kuid mitte pruunistunud. Lisa küüslauk ja jalapeno paprika ning küpseta, kuni küüslauk on lihtsalt lõhnav, umbes 30 sekundit. 3. Määri igale tortillapoolele umbes 1–½ supilusikatäit oasegu ja keera želee-rulli kujul kokku.
c) Laota serveerimistaldrikule ja puista peale koriandrit. Serveeri soojalt hapukoore ja salsaga.

69.Oa ja riisi burritod

KOOSTISOSAD:
- 1 purk Pinto ube, 16 untsi veepark
- 1 tass pruuni riisi; keedetud
- ½ tassi sibulat; külmutatud, tükeldatud
- ½ tassi gr. paprika; külmutatud, tükeldatud
- ½ tassi maisi; külmunud
- Tšilli pulber; kriips
- Salat, tükeldatud
- 1 hunnik talisibulat; hakitud
- Köömned; kriips
- Küüslaugupulber; kriips
- Salsa, õlivaba, madala naatriumisisaldusega
- 10 tortillat, täistera
- 1 tomat; hakitud

JUHISED:
a) Pruunista pannil mõnes supilusikatäies vees külmutatud sibul ja roheline paprika. Nõruta ja loputa oad ning pane pannile ja purusta kartulimassriga. Lisa keedetud riis, mais, maitseained ja vesi.
b) Kuumuta tortillad kiiresti. Asetage iga tortilla keskele rida oasegu; lisa soovi korral teelusikatäis salsat ja muid lisandeid. Voldi mõlemalt poolt ½ tolli üles, suru ülemine serv sisse ja rulli burritoks.
c) Serveeri kohe, soovi korral lisa salsaga.

70. Oad ja TV Burritod

KOOSTISOSAD:

- 10 suurt (10") tortillat
- 1 tass kuivatatud pintooad, leotatud
- 1 loorberileht
- 3 küüslauguküünt, hakitud
- ½ tassi TVP graanulid või helbed
- 2 tl tšillipulbrit
- 1 tl köömneid
- 1 tl Sool
- ½ tl oreganot
- 1 spl Oliiviõli
- 1 tass sibul, hakitud

JUHISED:

a) Kombineerige TVP, kuum vesi, kuum ubade vedelik, tšillipulber, köömned, sool ja pune. Pruunista sibul oliiviõlis paraja suurusega pannil, kuni see on pehme.

b) Lisa maitsestatud TVP ja küpseta veel mõni minut. Sega juurde keedetud oad,

c) Kokkupanek: kuumutage grillresti või panni, kuni pinnale jäävad paar tilka vett. Prae igat tortillat kuivalt mõlemalt poolt, kuni tortilla pind hakkab mullitama ja kergelt pruunistuma. Hoidke neid paksus rätikus soojas. Kui kõik on kuumutatud, asetage umbes ⅓ tassi täidist tortilla ühele küljele ja rullige kokku.

71.Kirsi Burritod

KOOSTISOSAD:
- 6 jahust (6-tollist) tortillat
- 1 pakk suhkruvaba vaniljepudingi segu
- ¾ tassi vett
- 1½ tassi kirsid; suhkrut pole lisatud
- 2 tilka punast toiduvärvi (kuni 3)
- ½ tl mandli ekstrakti
- 1 tl kaneeli
- 1 spl tuhksuhkrut

JUHISED:
a) Kuumuta ahi 350 F-ni. Sega keskmisel pannil pudingisegu, vesi ja kirsid,
b) Küpseta keskmisel kuumusel paksuks. Lisa punane toiduvärv ja mandli ekstrakt. Kombineerimiseks sega hästi läbi. Eemaldage kuumusest. Pihustage suur küpsiseleht või tarretisrull võiga maitsestatud küpsetusspreiga.
c) Jaga ühtlaselt kirsitäidis ja aseta iga tortilla keskele. Murra üks serv täidise peale; rulli tihedalt vastasküljele. Asetage õmbluse pool allapoole küpsiseplaadile. Pihustage iga ülaosa võipihustiga. Puista üle kaneeliga.
d) Küpseta 10-12 min.

72. Butternut Burrito

KOOSTISOSAD:
- 1 suvikõrvits; keedetud ja püreestatud
- 1 punane sibul; hakitud
- 4 küüslauguküünt; peeneks hakitud
- 1 spl Tšiili pulbrit
- 1 spl pune
- 1 spl köömneid
- 1 tl Tamari sojakastet
- 6 tortillat
- 1 purk Enchilada kastet; punane või roheline

JUHISED:
a) Kuumuta ahi temperatuurini 350 F.
b) Prae sibul ja küüslauk väheses õlis läbipaistvaks
c) Lisa purustatud kõrvits ja ürdid. Sega ja keeda tasasel tulel, kuni maitsed segunevad. Lisa maitse järgi veel ürte.
d) Täida tortillad seguga ja rulli.
e) Kata tšiilikaste ja küpseta 30 min.

73. Maisi ja riisi burritod

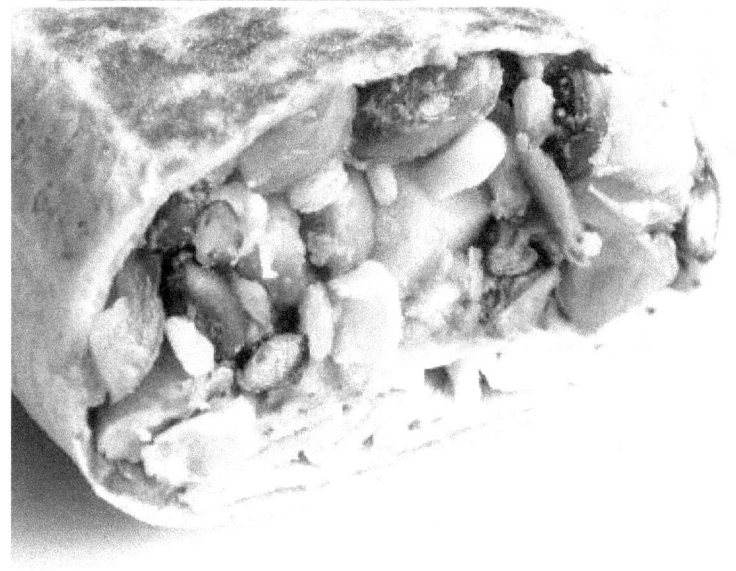

KOOSTISOSAD:
- 4 untsi Keedetud riis
- 16 untsi konserveeritud mustad oad
- 15 untsi konserveeritud terve tuumaga mais
- 4 untsi hakitud mahedat rohelist tšillit
- ⅔ tassi hakitud Monterey Jack
- ¼ tassi hakitud värsket koriandrit
- 8 jahutortiljad; (6 kuni 7 tolli)
- 12 untsi mahe salsa; rasvavaba

JUHISED:
a) Kuumuta ahi 425 kraadini F. Valmistage riis vastavalt etiketile.
b) Samal ajal segage suures kausis mustad oad, mais, tšillid, juust ja koriander.
c) Kui riis on valmis, sega oasegu hulka. Lusikaga ümardatud ½ tassi riisi segu piki iga tortilla keskosa. Tõsta riisitäidise peale 1 spl salsat. Murra tortilla küljed täidise peale, kergelt kattudes.
d) Pihustage 13" x 9" klaasist või keraamilist küpsetusvormi mittenakkuva küpsetuspreiga. Asetage burritod, õmblusega pool allapoole, tassi. Tõsta lusikaga ülejäänud riisisegu järjest burritode keskele allapoole; pealmine riis ülejäänud salsaga.

74. Fiesta Bean Burrito

KOOSTISOSAD:
- ½ tassi ube
- 1 supilusikatäis salsat
- 1 tl hakitud koriandrit, valikuline
- 1 Täistera tortilla

JUHISED:
a) Laota oad üle tortilla.
b) Puista peale ülejäänud koostisosad.
c) Kuumutage mikrolaineahjus soojaks, umbes 40 sekundit
d) Rulli tortilla ja segu burritoks.

75. Sügavkülmik Burritod

KOOSTISOSAD:
- 2 purki musti ube
- 2 3 tassi keedetud riisi (teie
- lemmikliik)
- 1 suur sibul
- 3 kuni 4 küüslauguküünt
- Kuivatatud basiilik, köömned, tšilli
- 1 pakk Jahutortillad, burrito
- 1 väike purk tomatikastet

JUHISED:
a) Prae sibul ja küüslauk oma lemmikõlis (mulle meeldib kasutada palsamiäädikat või šerrit). Kui sibul on pehme, lisa maitseained (vabandan, et mõõte ei ole, ma viskan peale selle, mis hea välja näeb), keeda veel paar minutit ja tõsta tulelt.
b) Visake suurde kaussi 1 purk ube koos mahlaga, teine purk tühjendage ja seejärel lisage oad kaussi. Lisa purk tomatikastet. Püreesta oad, kuni enamus on püreestatud, kuid osa jäta pudrutamata.
c) Lisa keedetud riisi ja sibula segu. Sega põhjalikult. Rulli burritod kokku, pane sügavkülma. Nendest saab häid suupisteid, lõuna- või õhtusööki koos salatiga ja ma armastan neid hommikusöögiks.

76.Matzo Burrito pajaroog

KOOSTISOSAD:
- Salsa
- Rasvavabad praeoad
- Matzod
- Punane ja roheline paprika
- Rohelised tšillid

JUHISED:
a) Kuumuta ahi 350 kraadini. Kandke kandilises vormivormis panni põhja veidi salsat, et matzo ei kleepuks.
b) Laota FF praetud ube nii palju matsude peale, et see kataks (üks kiht) roa põhja. Seejärel panin kihi punast ja rohelist paprikat ja siis veel ühe kihi matsot koos praetud ubadega. Selle peale panin kihi rohelist tšillit, teise matsot ning peale veidi salsat ja tofut. Küpseta ahjus umbes 15 minutit.
c) Matsad pehmenevad nagu tortillad ja see säästab väga hästi.

77. Mikrolaineahju oa burritod

KOOSTISOSAD:
- 2 tl Taimeõli
- 1 väike sibul, peeneks hakitud
- 1 väike Jalapeno pipar, seemnetega
- 1 küüslauguküüs, hakitud
- ¼ teelusikatäit jahvatatud köömneid
- ¼ teelusikatäit Kuivatatud pune
- ¼ teelusikatäit tšillipulbrit
- 1 näputäis jahvatatud koriandri seemneid
- 16 untsi mustad oad, loputatud
- ½ avokaado, kivideta, kooritud, kuubikuteks lõigatud
- 1 ploomtomat, tükeldatud
- 1 sibul, hakitud
- 1 spl hakitud värsket koriandrit
- 2 tl Värske laimimahl
- 1 näputäis riivitud laimikoort
- 4 jahutortillat, soojendatud

JUHISED:
a) Segage õli, sibul, jalapeno ja küüslauk kokku 9-tollisel klaasist pirukaplaadil. Mikrokeetmine HICH võimsusel 1 minut.
b) Sega hulka köömned, pune, tšillipulber ja jahvatatud koriander; mikrokeetmine, kaetud ja õhutatud, 1 minut. Segage oad ja vesi; mikrokeetmine, kaetud ja õhutatud, 2 minutit.
c) Segage väikeses kausis avokaado, tomat, sibul, värske koriander, laimimahl ja koor. Maitsesta salsa maitse järgi soola ja pipraga

78.Mikrolaineahjus taimsed burritod

KOOSTISOSAD:
- 1 magus roheline pipar; Tükeldatud
- 1 sibul; hakitud
- 2 küüslauguküünt; hakitud
- 1 tl Taimeõli
- ½ tl jahvatatud köömneid
- ½ tl kuivatatud pune
- 3 kartulit; kuubikuteks Kiudainete lisamiseks
- 1 tass maisiterad
- 6 untsi pudelis taco kaste
- 4 suurt jahutortillat
- ½ tassi Vegan Cheddari juustu; hakitud

JUHISED:
a) Sega 6-tassi pajaroas roheline pipar, sibul, küüslauk, õli, köömned ja pune; mikrolaineahjus, kaanega, kõrgel temperatuuril 2–3 minutit või kuni sibul on pehmenenud. Segage kartulid ja 1 spl vett; mikrolaineahjus, kaanega, kõrgel temperatuuril 8–10 minutit või kuni kartulid on pehmed, segades kaks korda.
b) Segage maisi ja taco kastet; mikrolaineahjus, kaetud, kõrgel temperatuuril 2–4 minutit või kuni kuumuseni. Lase seista 5 minutit. Lisa maitse järgi soola ja pipart.
c) Mikrolainetortiljad, katmata, kõrgel temperatuuril 30–40 sekundit või kuni soojaks. Aseta serveerimistaldrikutele; peale kartulisegu ja juust.
d) Pöörake 1 ots üles, seejärel küljed; Üles kerima.

79. Köögiviljade segu Burrito

KOOSTISOSAD:
- 1 suur kartul - kuubikuteks
- 2 väikest suvikõrvitsat - tükeldatud
- 2 väikest kollast squash - hakitud
- 10 untsi külmutatud mais
- 3 paprika
- 1 suur tomat - tükeldatud
- 1 väike punane sibul - hakitud
- 3 supilusikatäit koriandrit - hakitud
- 1 tass hapukoort, kerge
- 1 tl tšillipulbrit
- 12 untsi vegan Monterey jack juustu
- 4 jahutortillat
- 1 avokaado viilud

JUHISED:
a) Lase vesi kaanega potis kõrgel kuumusel keema. Lisa kartulid, suvikõrvits, kollane kõrvits, mais ja paprika. Lase uuesti keema ja keeda ilma kaaneta umbes 4 minutit, kuni kartulid on pehmed. Nõruta ja keera kaussi. Lisa tomat, sibul, koriander, hapukoor, tšillipulber, sool, pipar ja pool juustust. Viska õrnalt.
b) Laota tortillad ühe kihina küpsetuspaberiga kaetud küpsiseplaatidele. Tõsta ¼ täidisest iga tortilla keskele
c) Voldi kokku ja küpseta umbes 15 minutit, kuni juust on sulanud.

80.Mojo Black Bean Burritod

KOOSTISOSAD:
- 2 suurt jahutortillat
- 1 tass madala rasvasisaldusega praetud mustad oad
- 1 bataat
- ½ tassi külmutatud suhkrumais
- 4 untsi Tempeh
- 4 6 Supilusikatäit taco kastet

JUHISED:
a) Koori ja tükelda bataat väikesteks hammustussuurusteks tükkideks. Kuubiku Tempeh väikesteks hammustuste suurusteks tükkideks. Aurutage Tempeh ja kartulikuubikud 10-15 minutit, kuni need on pehmed. Umbes 2 minutit enne nende valmimist lisage mais (peate kasutama väikeste aukudega auruti korvi).
b) Vahepeal soojenda tortillasid ahjus. Määrige igaüks ½ mustade ubadega. Kui Tempeh, bataat ja mais on valmis, lisage igale burritole ½ segust ja seejärel mõlemale pool taco kastet. Rulli tihedalt kokku ja serveeri.
c) Nendest saab suurepäraseid lõunasööke; võid need tihedalt alumiinium(tina)fooliumi sisse mähkida ja säilivad terve päeva.

81. Pepita köögiviljaburritod

KOOSTISOSAD:
- 1 kõrvitsaseemnekaste
- 1 tass hakitud brokkoli
- 1 keskmine sibul, peeneks hakitud
- 2 küüslauguküünt, peeneks hakitud
- 2 spl Õli
- 1 tass 2x1/4-tollised kollase squashi ribad
- 1 tass 2x1/4-tolliste ribadega suvikõrvitsat
- ½ tassi peeneks hakitud punast paprikat
- ¼ tassi kooritud kõrvitsaseemneid, röstitud
- 1 supilusikatäis sidrunimahla
- 1 tl Jahvatatud punast tšillit
- ¼ teelusikatäit soola
- ¼ teelusikatäit jahvatatud köömneid
- 6 jahutortillat

JUHISED:
a) Valmista kõrvitsaseemnekaste . Küpseta brokkolit, sibulat ja küüslauku õlis 10-tollisel pannil, sageli segades, kuni need on pehmed. Sega juurde ülejäänud koostisosad, välja arvatud tortillad. Küpseta aeg-ajalt segades, kuni squash on pehme-krõbe, umbes 2 minutit.

b) Hoidke soojas. Tõsta iga tortilla keskele umbes ½ tassi köögiviljasegu. Voldi tortilla üks ots segust umbes 1 tolli võrra üles. Voldi parem ja vasak pool kokkuvolditud otsa peale, kattudes. Pöörake ülejäänud ots alla. Serveeri kõrvitsaseemnekastmega.

82.Seitan Burritos

KOOSTISOSAD:
- Küüslauk; kuubikuteks lõigatud
- Sibul; viilutatud
- 2 tohutut Portobello seeni; viilutatud
- Fajita stiilis seitan
- Kaneel
- Köömned
- Tšilli pulber
- Tortilla
- Vähendatud rasvasisaldusega vegan Cheddari juust

JUHISED:
a) Viiluta mõned sibulad ja pane pannile praadima . Lisa kaks suurt Portobello seeni . Seejärel lisage seitani viilud. Lisa veidi kaneeli, köömneid ja tšillipulbrit.
b) Kuumus tortilla pehmeks mittenakkuval pannil, puista peale VÄGA väike kogus vähendatud rasvasisaldusega cheddari juustu, tõsta taldrikule ja lusikaga sisse seeni seitan segu ja voldi üles nagu burrito.

83.Burrito Täidis

KOOSTISOSAD:
- 1 tass keeva vett
- 2 spl sojakastet
- 1 spl tšillipulbrit
- ½ tl oreganot
- 1 tass TVP
- ½ tassi sibul; hakitud
- ½ tassi rohelist pipart; hakitud
- 1 küüslauguküünt; hakitud
- Jalapeno maitse järgi; hakitud, (valikuline)
- 1 spl Oliiviõli
- sobib ka enchiladastele!!

JUHISED:
a) Sega kokku vesi, sojakaste, tšillipulber ja pune ning vala TVP peale. Kata ja lase umbes 10 minutit seista. Pruunista õlis korraks sibul, roheline pipar, küüslauk ja jalapeno
b) Lisage TVP segu ja jätkake küpsetamist kuni pruunistumiseni. Serveeri kuumalt tacos või burritos koos kõigi kinnitusdetailidega.

84. Taimetoitlane Burritos Grande

KOOSTISOSAD:
- ⅓ tassi oliiviõli
- 3 iga küüslauguküünt, hakitud
- 1 supilusikatäis koriandrit, hakitud
- ½ tl köömneid
- ¼ tl Punased tšillihelbed, purustatud
- ¼ teelusikatäit pune
- 1 iga punane paprika
- 1 iga roheline paprika
- 1 iga kollane paprika
- 1 iga Anaheimi pipar
- 3 keskmist kõrvitsat
- 1 suur punane sibul, viilutatud
- 6 iga jahutortillat
- 3 tassi musti ube, keedetud
- ¼ tassi koriandrit, hakitud

JUHISED:
a) TÄIDIS: Lõika paprika, paprika ja tšilli koos kõrvitsaga pikuti pooleks. Eemalda paprikatelt seemned. Kasutage kondiitripintslit, määrige need riivõliga. Grilli broileri all või ettevalmistatud grillil. Puhastage ja keerake, kuni see on pehme, umbes 5 minutit mõlemalt poolt.
b) Eemaldage kuumusest ja kui see on käsitsemiseks piisavalt jahtunud, tükeldage.
c) KOOSTAMINE: Tõsta ube lusikaga tortilla keskosast veidi kõrvale ning pane peale grillitud köögivilju ja koriandrit. Voldi ja söö.

TACOS

85.Krõmpsuvad kikerhernetacod

KOOSTISOSAD:

- 6 maisi- või jahutortillat
- Üks 15-untsine purk kikerherneid, loputatud ja nõrutatud
- ½ tl ancho tšilli pulbrit
- 3 tassi hakitud rohelist kapsast
- 1 tass hakitud porgandit
- ½ tassi õhukeselt viilutatud punast sibulat
- ½ tassi seemnetega ja väikesteks kuubikuteks lõigatud poblano pipart
- ½ tassi viilutatud rohelist sibulat
- ¼ tassi hakitud värsket koriandrit
- ¼ tassi Tofu kašupähkli majoneesi 1 portsjon
- 2 spl laimimahla ¼ tl meresoola
- 1 avokaado, kivideta ja viilutatud
- 1 spl Sriracha

JUHISED:

a) Kuumuta ahi temperatuurini 375 ° F.

b) Vormige tortillad, asetades need nakkumatusse ahjukindlasse kaussi ja küpsetades neid ahjus krõbedaks, 5–10 minutit.

c) Purusta kikerherned suures segamiskausis kahvliga puruks ja puista peale tšillipulber.

d) Lisage kapsas, porgand, punane sibul, poblano pipar, roheline sibul, koriander, majonees ja laimimahl.

e) Segage hoolikalt, lisades viimasena soola.

f) Jaga salatisegu tacokausside vahel ja tõsta peale viilutatud avokaado. Lisage Sriracha, kui teile meeldivad vürtsikad tacod.

86.Tempeh tacos

KOOSTISOSAD:
- Õli, pannile
- 1 pakk (8 untsi) tempeh
- 1¾ tassi magustamata riisipiima
- 1 spl Dijoni sinepit
- 1 spl sojakastet või tamari ½ tl paprikat
- 2 spl dulse helbeid
- 1 spl toitainepärmi ¼ tassi maisijahu
- 13. tass panko-stiilis riivsaia
- 1 spl noolejuure-maisitortillasid tacode jaoks
- 1 avokaado, viilutatud

JUHISED:

a) Kuumuta ahi 350 kraadini F. Pihustage küpsetusplaat õliga. Lõika tempeh 2-tollisteks ja ½-tollisteks paksusteks tükkideks. Klopi märjad ained omavahel läbi ja tõsta kõrvale.

b) Pane kuivained köögikombaini ja vahusta paar korda, kuni segu on peeneks jahuseks. Asetage väikesesse kaussi. Kastke iga tempehi tükk riisipiimasegus ja segage seejärel riivsaiaseguga.

c) Asetage küpsetusplaadile kolmes reas, umbes tolli kaugusel. Piserdage tükkidele õli, seejärel küpsetage 15 minutit. Pöörake ja küpsetage veel 15 minutit.

d) Serveeri kohe maisitortiljas koos viilutatud avokaado ja mango-virsiku salsaga.

87.Seenetacod Chipotle'i kreemiga

KOOSTISOSAD:
- 1 keskmine punane sibul, õhukeselt viilutatud
- 1 suur portobello seen, tükeldatud ½-tollisteks kuubikuteks
- 6 küüslauguküünt, hakitud
- Meresool maitse järgi
- 12 6-tollist maisi tortillat
- 1 tass Chipotle'i koorekastet
- 2 tassi hakitud rooma salatit
- ½ tassi hakitud värsket koriandrit

JUHISED:
a) Kuumuta suur pann keskmisel-kõrgel kuumusel.

b) Lisa punane sibul ja portobello seened ning prae segades 4–5 minutit.

c) Lisage vett 1–2 supilusikatäit korraga, et sibul ja seened ei kleepuks.

d) Lisa küüslauk ja küpseta 1 minut. Maitsesta soolaga.

e) Kui seened küpsevad, lisa 4 tortillat mittenakkuvale pannile ja kuumuta neid mõni minut, kuni need pehmendavad.

f) Pöörake need ümber ja kuumutage veel 2 minutit. Eemalda

88.Läätsed, lehtkapsas ja kinoa tacos

KOOSTISOSAD:
TÄITMINE
- 3 tassi kinoat, keedetud (1 tass kuiv)
- 1 tass läätsed, keedetud (½ tassi kuivatatud)
- Üks partii Taco maitseainet
- 1 spl kookosõli
- 3 suurt lehtkapsa lehte, varred eemaldatud, tükeldatud
- Sinise-maisi taco kestad

TÄIDISED
- 2 avokaadot, kivideta, kooritud ja viilutatud
- Värsked koriandrilehed Värsked laimiviilud

JUHISED:

a) Sega keskmisele kuumusele kuumutatud suures potis kokku keedetud kinoa, läätsed, taco maitseaine, kookosõli ja lehtkapsas. Segage hästi 3–5 minutit, kuni kuumus lehed närbub.

b) Röstige taco kestad pärgamendiga kaetud ahjuplaadil vastavalt tootja juhistele.

c) Täida kestad täidisega, seejärel tõsta peale avokaadot, koriandrit ja veidi laimi. Serveeri soojalt.

89.Maisisalsaga kaetud mustade ubade tacod

KOOSTISOSAD:
- Oliiviõli keetmine
- 2 küüslauguküünt
- 2 ½ tassi musti ube, loputatud ja nõrutatud
- ¼ tassi kaera
- ¼ tassi maisijahu
- 1 spl punase tšilli pulbrit
- 1 tl koššersoola, jagatud
- ½ tl musta pipart (jahvatatud ja jagatud)
- 8 maisi tortillat (väike)
- 1 tass maisi, sulatatud, kui külmutatud
- 1 punane paprika (keskmine, tükeldatud)
- 1 roheline tšilli (väike, tükeldatud)
- 2 sibulat (hakitud)
- 2 laimi (mahlaga)
- ¼ tassi värsket koriandrit (hakitud)

JUHISED:
a) Kuumuta ahi temperatuurini 400 ° F ja piserda küpsetusplaadile toiduõli.
b) Lisage hakitud küüslauk töötlemismasinasse koos ubade, kaera, tšilli ja maisijahuga. Enne segu töötlemist lisage soola ja pipart.
c) Valmista küpsetusplaat ja määri segu sellele. Enne segu 20–30-minutilist küpsetamist piserdage seda kindlasti toiduõliga.
d) enne seda veel toiduõliga pihustamist ja küpsetamise jätkamist. See aitab tagada, et kogu segu küpsetatakse ühtlaselt.
e) Pärast küpsetamist võtke oasegu kaussi ja segage see hästi maisi, paprika, tšilli ja talisibulaga.
f) Tortiljad tuleks mässida fooliumisse ja panna ahju 5 minutiks sooja.
g) Määri oasegu tortilladele ja serveeri maisisalsa ja koriandriga.

90. Grillitud Haloumi Tacos

KOOSTISOSAD:
- Oliiviõli
- 2 kooritud maisikõrvast
- Kosher sool
- Must pipar
- 1 väike punane sibul, viilutatud
- ½ kg halloumi, viilutatud paksudeks viiludeks
- 8 maisi tortillat

JUHISED:

a) Valmistage grill ette keskmisele-kõrgele kuumusele ja õlitage restid põhjalikult.

b) Pintselda maisikestad kergelt õliga üle ja maitsesta sama soola ja pipraga. Sega sibularõngad õli, soola ja pipraga. Grillige mõlemaid koostisosi, maisi puhul 10–15 minutit ja sibulate puhul 4 minutit, sageli keerates, et veenduda, et see on pehme ja täpiliselt söestunud.

c) Kui mais jahtub, lõigake tõlvikutest tuumad ja asetage need keskmisesse kaussi.

d) Pintselda juustu vähese õliga ning pärast vähese soola ja pipraga maitsestamist grilli seda mõlemalt poolt korra söestuma ja täielikult soojenema.

e) Soojenda tortillasid mikrolaineahjus või grilli jahedamas osas, et need pehmeneksid.

f) Jagage juust tortillade vahel, lisades neile sibula, maisi, avokaado, koriandri, salsa ja laimiviilud.

91.Lihtne Vegan Taco

KOOSTISOSAD:
- 2 nisu tacot
- ½ tassi musti ube
- 1 avokaado, viilutatud
- 2 kirsstomatit, neljandikku
- 1 sibul, hakitud
- Värske petersell
- Laimi mahl
- 1 supilusikatäis oliivi
- õli
- soola
- Teie valitud kuum kaste

JUHISED:
a) Kuumuta tacot, et see korralikult soojendada.
b) Asetage kõik koostisosad tacole soovitud järjekorras. Võite ka kõiki köögivilju keskmisel pannil kuumutada.
c) Kuumutage lihtsalt õli, lisage sibulad, oad ja kirsstomatid ning puistake peale veidi soola.
d) Eemaldage pärast üheminutilist pidevat segamist.
e) Serveeri peterselli, viilutatud avokaadode, laimimahla ja kuuma tšillikastmega puistatud tacosid.

92.Oad ja grillitud maisi taco

KOOSTISOSAD:
- 2 maisitacot
- ½ tassi musti ube
- Grillitud maisitõlvik
- 1 avokaado, viilutatud
- 2 kirsstomatit, neljandikku
- 1 väike sibul, hakitud
- Värske petersell
- ¼ teelusikatäit köömneid
- soola
- Värskelt jahvatatud must pipar
- 1 spl Õli grillimiseks

JUHISED:
a) Valmistage grill ette keskmisele-kõrgele kuumusele ja õlitage restid põhjalikult.
b) Pintselda maisikestad kergelt õliga üle ja maitsesta sama soola ja pipraga. Grillige maisi 10–15 minutit, sageli keerates, veendumaks, et see on pehme ja kohati söestunud.
c) Kui mais jahtub, lõigake tõlvikutest tuumad ja asetage need keskmisesse kaussi.
d) Puista peale mustad oad, viilutatud avokaado, kirsstomatid, hakitud sibul ja värske petersell ning maitsesta soola, musta pipra ja köömnetega. Terava täidise saamiseks pigista juurde veidi värsket laimi.
e) Kuhja peale taco ja naudi oma valitud dipikastmega.

93.Mustade ubade ja riisi salat Taco

KOOSTISOSAD:
- Taco kestad
- 3 Laim, koor ja mahl
- 1 tass kirsstomateid, igaüks 4 tükiks lõigatud
- ¼ tassi punase veini äädikat
- ¼ tassi punast sibulat, väikesed kuubikud
- ¼ tassi koriandri, basiiliku ja talisibula segu, kõik šifonaadist
- 1 tl küüslauk, hakitud
- 1 purk Mais, nõrutatud
- 1 roheline tšillipipar, väikesteks kuubikuteks
- 1 punane, oranž või kollane paprika
- 1 purk musti ube, nõrutatud
- 1 ½ tassi valget riisi, keedetud ja hoitud soojas
- Maitsestamiseks soola ja pipart.

JUHISED:
a) Lõika kirsstomatid neljaks ja marineeri neid kuubikuteks lõigatud punase sibula, punase veini äädika, küüslaugu ja soolaga 30 minutit.
b) Koguge ja valmistage paprikad, ürdid ja laimid. Kombineeri need kõik nõrutatud mustade ubade ja maisiga ning maitsesta hästi soola ja pipraga.
c) Lisa tomatisegu oasegule. Seejärel sega sisse soe riis. Maitse ja vajadusel lisa soola.
d) Serveeri taco kestades.

94.Näritavad kreeka pähkli tacod

KOOSTISOSAD:
TACO LIHA
- 1 tass tooreid kreeka pähkleid
- 1 spl pärmihelbed
- 1 supilusikatäis tamari
- ½ tl jahvatatud köömneid
- ¼ tl chipotle pipra pulbrit
- 1 tl tšillit

TÄITMINE
- 1 Hass avokaado
- 1 roma tomat, peeneks viilutatud
- 6 spl suitsutatud india pähkli juustu dipikastme
- 4 suurt salatilehte

JUHISED:
TACO LIHA
a) Pane kreeka pähklid, toitev pärm, tamari, tšillipulber, köömned ja chipotle tšillipulber köögikombaini ning püreesta, kuni segu meenutab jämedat puru.

TÄITMINE
b) Lisandite jaoks pane avokaado väikesesse kaussi ja tambi kahvliga ühtlaseks massiks. Sega hulka tomat.

c) Iga taco kokkupanemiseks asetage salatileht lõikelauale, ribid ülespoole. Asetage ¼ tassi Walnut Taco liha lehe keskele.

d) Tõsta peale 1½ supilusikatäit india pähkli juustu dipikastme ja veerand avokaadosegust.

95.Seitan Tacos

KOOSTISOSAD:
- 2 spl oliivióli
- 12 untsi seitan
- 2 spl sojakastet
- 11/2 tl tšillipulbrit
- 1/4 tl jahvatatud köömneid
- 1/4 tl küüslaugupulbrit
- 12 (6-tollist) pehmet maisitortillat
- 1 küps Hassi avokaado
- Hakitud rooma salat
- 1 tass tomatisalsat

JUHISED:
a) Kuumuta suurel pannil õli keskmisel kuumusel. Lisa seitan ja küpseta kuni pruunistumiseni umbes 10 minutit. Piserdage sojakastme, tšillipulbri, köömnete ja küüslaugupulbriga, segades katteks. Eemaldage kuumusest.

b) Kuumuta ahi temperatuurini 225 °F. Soojenda keskmisel pannil tortillad keskmisel kuumusel ja lao kuumakindlale taldrikule. Kata fooliumiga ja aseta ahju, et need jääksid pehmeks ja soojaks.

c) Eemaldage avokaado ja lõigake see 1/4-tollisteks viiludeks.

d) Asetage vaagnale tacotäidis, avokaado ja salat ning serveerige koos soojendatud tortillade, salsa ja muude lisanditega.

GÜROOS

96.Kikerherne ja köögiviljade güroskoop

KOOSTISOSAD:
- 1 purk (15 untsi) kikerherneid, nõrutatud ja loputatud
- 1 tass hakitud kurki
- 1 tass hakitud porgandit
- 1/4 tassi hakitud punast sibulat
- 2 küüslauguküünt, hakitud
- 1 tl jahvatatud köömneid
- 1 tl suitsutatud paprikat
- Sool ja pipar maitse järgi
- 2 spl oliiviõli
- Vegan tzatziki kaste
- Pita leib
- Kaunistuseks viilutatud tomatid ja salat

JUHISED:
a) Puista kikerherned köögikombainis jämedalt hakitud.
b) Sega kausis tükeldatud kikerherned, rebitud kurk, hakitud porgand, punane sibul, hakitud küüslauk, köömned, suitsupaprika, sool, pipar ja oliiviõli. Sega hästi.
c) Kuumuta pann keskmisel kuumusel ja kuumuta segu läbi.
d) Soojendage pita leiba ahjus või pannil.
e) Pange güroskoobid kokku, asetades kikerhernesegu igale pitale. Kalla peale vegan tzatziki kaste, viilutatud tomatid ja salat.

97. Grillitud Portobello seente güroskoop

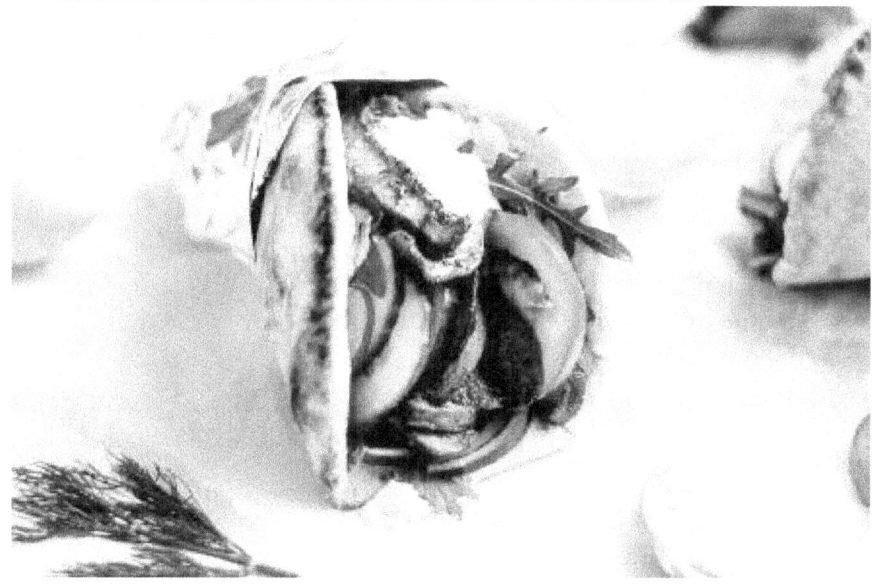

KOOSTISOSAD:
- 4 suurt portobello seent, puhastatud ja viilutatud
- 1/4 tassi palsamiäädikat
- 2 spl oliivõli
- 2 küüslauguküünt, hakitud
- 1 tl kuivatatud pune
- Sool ja pipar maitse järgi
- Vegan tzatziki kaste
- Pita leib
- Kaunistuseks viilutatud punane sibul ja kurk

JUHISED:
a) Sega kausis kokku palsamiäädikas, oliivõli, hakitud küüslauk, pune, sool ja pipar.
b) Marineeri portobello seeneviile segus vähemalt 30 minutit.
c) Grilli marineeritud seened pehmeks.
d) Soojendage pita leiba ahjus või pannil.
e) Pange güroskoobid kokku, asetades igale pitale grillitud portobello viilud. Kõige peale lisa vegan tzatziki kaste, viilutatud punane sibul ja kurk.

98. Jackfruit Gyros

KOOSTISOSAD:
- 2 purki (20 untsi) noort rohelist kikkapuuvilja, nõrutatud ja purustatud
- 1 spl oliiviõli
- 1 tl jahvatatud köömneid
- 1 tl suitsutatud paprikat
- 1 tl küüslaugupulbrit
- Sool ja pipar maitse järgi
- Vegan tzatziki kaste
- Pita leib
- Kaunistuseks viilutatud salat ja kirsstomatid

JUHISED:
a) Kuumuta pannil oliiviõli keskmisel kuumusel. Lisa hakitud kikkapuu, köömned, suitsupaprika, küüslaugupulber, sool ja pipar. Küpseta, kuni kikkapuu on läbi kuumenenud ja hästi vürtsidega kaetud.
b) Soojendage pita leiba ahjus või pannil.
c) Pange güroskoobid kokku, asetades igale pitale maitsestatud kikkapuu. Kõige peale lisa vegan tzatziki kaste, viilutatud salat ja kirsstomatid.
d) Nautige neid maitsvaid vegan-güroskoope!

99. Tofu Gyros

KOOSTISOSAD:
- 1 plokk eriti kõva tofu, pressitud ja viilutatud õhukesteks ribadeks
- 2 spl sojakastet
- 1 spl oliiviõli
- 1 tl kuivatatud pune
- 1 tl küüslaugupulbrit
- Sool ja pipar maitse järgi
- Vegan tzatziki kaste
- Pita leib
- Kaunistuseks viilutatud punane sibul ja kurk

JUHISED:
a) Sega kausis kokku sojakaste, oliiviõli, kuivatatud pune, küüslaugupulber, sool ja pipar.
b) Marineeri tofuribasid segus vähemalt 30 minutit.
c) Kuumuta pann keskmisel-kõrgel kuumusel ja küpseta marineeritud tofut mõlemalt poolt kuldpruuniks.
d) Soojendage pita leiba ahjus või pannil.
e) Pange güroskoop kokku, asetades keedetud tofu igale pitale. Kõige peale lisa vegan tzatziki kaste, viilutatud punane sibul ja kurk.

100. Läätsede ja seente güroskoop

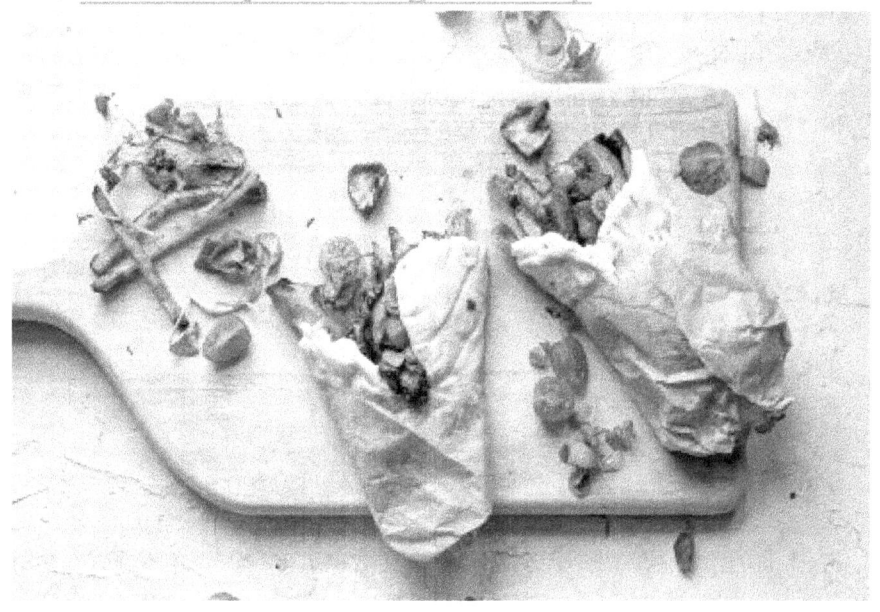

KOOSTISOSAD:
- 1 tass keedetud läätsi
- 1 tass peeneks hakitud seeni
- 1 väike punane sibul, peeneks hakitud
- 2 küüslauguküünt, hakitud
- 1 tl jahvatatud köömneid
- 1 tl suitsutatud paprikat
- Sool ja pipar maitse järgi
- 2 spl tomatipastat
- Vegan tzatziki kaste
- Pita leib
- Kaunistuseks viilutatud tomatid ja salat

JUHISED:
a) Prae pannil seened, punane sibul ja küüslauk pehmeks.
b) Lisa pannile keedetud läätsed, jahvatatud köömned, suitsupaprika, sool, pipar ja tomatipasta. Sega hästi ja küpseta, kuni see on läbi kuumutatud.
c) Soojendage pita leiba ahjus või pannil.
d) Pange güroskoop kokku, asetades igale pitale läätse ja seene segu. Kalla peale vegan tzatziki kaste, viilutatud tomatid ja salat.

KOKKUVÕTE

Kui lõpetame oma maitseka teekonna läbi " VEGAN TÄNAVAL SÖÖGID: BURGERID, TACOS, GYROOS JA VEEL", loodame, et olete kogenud oma veganiisu rahuldamise rõõmu, üks tänavahammustus korraga. Iga retsept nendel lehtedel tähistab loovust, julgeid maitseid ja ülemaailmset inspiratsiooni, mis muudavad taimsed tänavatoidud nii maitsvaks – see annab tunnistust rahulolust, mis kaasneb iga suutäiega.

Olenemata sellest, kas olete maitsnud veganburgerite taimset headust, omaks võtnud erinevaid vegan-tacosid või nautinud taimsete güroskoopide maitsvaid rõõme, usume, et need retseptid on sütitanud teie kire nautida vegan-tänavatoitu. Lisaks koostisosadele ja tehnikatele võib "VEGAN TÄNAVAL SÖÖGID: BURGERID, TACOS, GYROOS JA VEEL" saada inspiratsiooniallikaks, taimse loovuse tähistamiseks ja meeldetuletuseks, et veganite isu rahuldamine on nii põnev kui ka maitsev.

Kui jätkate taimse tänavatoidu maailma avastamist, olgu see kokaraamat teie usaldusväärne kaaslane, juhatades teid läbi erinevate retseptide, mis tutvustavad vegan tänavatoidu julget, maitsvat ja rahuldust pakkuvat olemust. Siin saate nautida loovust, taasluua taimseid klassikaid ja võtta omaks iga suutäisega kaasnev rõõm. Head kokkamist!

www.ingramcontent.com/pod-product-compliance
Lightning Source LLC
Chambersburg PA
CBHW071328110526
44591CB00010B/1071